십대의 무릎기도문

특별히 _____ 님께

이 소중한 책을 드립니다.

10대 청소년을 위한 열 가지 행동강령

01. 부모를 실망시키지 말라.
    부모는 너를 양육한 사람이다.
02. 술,담배를 하기 전에는 다시 한번
    미래를 생각하라.
03. 윗사람의 명령에 순종하라.
    너도 언젠가는 명령을 내리게 된다.
04. 과시하려는 마음을 절제하라.
    우쭐대는 것은 유치한 행동이다.
05. 더러운 생각은 마음 속에서 지워버려라.
    건전한 생각은 인생을 건강하게 만든다.
06. 좋은 친구를 사귀라. 좋은 친구는
    희망을 주지만 나쁜 친구는 후회를 준다.
07. 너에게 어울리는 상대와 데이트를 즐기라.
08. 가능하면 여러 사람과 사귀라.
    이성교제는 얇고 넓게 하는 것이 현명하다.
09. 하나님과 이웃을 사랑하라.
10. 영혼의 문제에 대해 관심을 가져라.
    영혼구원은 전적으로 너에게 달려 있다.

    - 미국 보스턴 교육협회

성장속도는 빠르지만 길이나 둘레는 그리 크지 않은 세코이아 나무는 보이는 외관과는 달리 유난히 폭우와 강풍에 강하다. 식물학자들은 세코이아 나무의 이런 특징이 깊은 뿌리 때문일 것이라고 생각해 밑동을 파보았는데, 뿌리도 매우 얕은 곳에 자리 잡고 있었다.

그러나 수많은 나무들과 뿌리가 뒤엉켜 있다는 다른 특징이 있었다. 바로 이 특징 때문에 나무가 크지 않고 뿌리가 얕아도 태풍을 이겨낼 수 있었고, 또 항상 숲을 이루고 있었다.

십대의 시절은 세코이아 나무처럼 매우 불안해 보인다. 그러나 세코이아처럼 하나님과의 관계, 가족과의 관계, 그리고 친구들과의 관계와 같이 다양한 삶의 영역에 십대의 뿌리를 뒤엉켜 놓는다면 훌륭한 숲으로 성장하고 고난도 이겨낼 수 있다.
이 기도문대로 매일 하나님께 기도하자. 주님이 방패가 되시고, 지극히 큰 상급이 될 것이다.

10대들도 신앙을 지켜야 하는 이유

1. 신앙은 선택의 문제가 아니기 때문이다.

2. 신앙은 학업에 방해가 되지 않고,
   오히려 도움을 주기 때문이다.

3. 신앙이 잡혀있지 않은 상태의 명문대 진학,
   그리고 성공은 의미가 없기 때문이다.

4. 고3도 신앙을 지켜야 한다는 본을
   후배들에게 보일 수 있기 때문이다.

5. 가장 힘든 때에 신앙을 통해 오히려
   하나님을 체험하는 경험이 되기 때문이다.

6. 주일에 교회를 안 가고 공부를 해도 마음에
   갈등이 생겨 집중할 수 없기 때문이다.

7. 하나님께 더욱 담대하게 기도하며
   미래를 준비해야 할 때이기 때문이다.

– 「고딩,화이팅!」,「크딩, 화이팅!」(나침반발행)에서

십대의 무릎기도문

멋지고 당당한 십대되게 하소서

나침반

이 책의 사용 방법

❶ 기도를 시작하기 전 먼저, 그 날 묵상할 성구를 소리 내어 읽으십시오.
이책 부모용을 통해 부모도 함께 기도한다면 그날 부모와 함께 하나님의 약속인 「말씀」을 읽음을 기억하고, 말씀을 읽는 중 주님이 주시는 생각이 있으면 부모와 함께 나누십시오.
개 개역개정판   **표** 표준새번역   **영** NIV성경

❷ 30일 동안 매일 적당한 시간을 내어 머리로 읽지 말고 마음으로 읽으며 기도하십시오. 30일 기도가 끝난 후에도 수시로 반복해 기도 하십시오.

❸ 5일이 지날 때 마다 기도의 내용을 되돌아보고 「비전/할 일 점검」을 하십시오.

Contents _차례

16일 건전하고 품위 있는 언어 생활을 하게 하소서

17일 어떤 경우도 하나님을 의지하게 하소서

18일 키와 지혜가 자라고 하나님과 사람들게 사랑받게 하소서

19일 매일 밤 편안한 수면을 취하게 하소서

20일 모든 것을 믿음의 눈으로 보고 하나님께 감사하게 하소서

21일 새로운 도전을 두려워하지 않게 하소서

22일 경청하는 사람이 되게 하소서

23일 가난하고 어려운 사람을 무시하지 않고 돕게 하소서

24일 남과 비교하여 열등감에 빠지지 않게 하소서

25일 우울증이나 자살 충동을 갖지 않게 하소서

26일 책임감 있는 자율성을 확립하게 하소서

27일 유혹에 빠지지 않게 하소서

28일 차세대 영향력 있는 리더가 되게 하소서

29일 하나님이 주신 물질을 이웃과 나누게 하소서

30일 모든 영광을 하나님께 돌리게 하소서

1일

하나님께 인정받는 삶이 되게 하소서

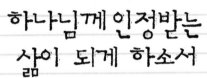

잠언 3장 6절(Proverbs 3:6)

개 너는 범사에 그를 인정하라 그리하면 네 길을 지도하시리라

표 네가 하는 모든 일에서 주님을 인정하여라. 그러면 주님께서 네가 가는 길을 곧게 하실 것이다.

영 in all your ways acknowledge him, and he will make your paths straight.

나는 위대한 일을 하지 않았습니다. 다만 하나님께서 명령하신 일만 했을 뿐입니다. – 나이팅게일 유명한 교수로부터 바이올린을 배우는 학생이 있었습니다.

어려서부터 바이올린에 재능이 있었던 학생은 좋은 지도 교수 덕분에 실력이 더욱 일취월장했습니다. 4년간의 지도 기간이 끝나고 마지막 졸업연주회가 찾아왔을 때 학생은 더 없이 훌륭한 연주를 수많은 청중들 앞에서 뽐냈습니다. 연주를 마치자 청중들의 우레와 같은 박수가 쏟아졌습니다. 그러나 모든 결과가 좋았음에도 학생의 표정은 좋지 않았습니다.

잠시 뒤 학생을 가르쳤던 지도 교수가 자리에서 일어나 미소를 지으며 박수를 쳤고, 그 때야 학생은 밝은 표정으로 무대를 내려갔습니다. 학생에게는 수많은 사람의 박수보다 자신을 가르친 스승의 인정이 더욱 중요했습니다.

하나님의 인정을 받는 삶이 중요한 것도 같은 이유입니다.

진정한 성공은 얼마나 많은 돈을 벌었는지, 얼마나 높은 곳에 올라갔는지, 얼마나 착한 일을 많이 했는지에 의해 결정되는 것이 아니라 하나님의 인정을 받는 일을 했는지에 의해 결정됩니다.

세상적으로 성공한 사람은 너무도 많습니다. 그러나 하나님께 인정을 받는 사람은 많지 않습니다. 성공하는 삶도 중요하지만 하나님의 인정을 받는 삶은 더욱 중요합니다. 사람들의 인정을 넘어서 하나님의 인정을 받는 삶이 되게 해달라고 기도하십시오.

🩷 기도

생사화복을 주관하시는 주님, 영광을 돌립니다.
제가 주님이 주신 삶을 통해
주님을 위해 살아가게 하소서.

귀한 삶을 주신 주님이심을 알게 하시고,
저를 통해 주님이 하고자 하는 일을 깨닫고
맞는 진로와 직업을 발견하게 해주옵소서.

주님의 도우심을 간구합니다.
씨앗을 뿌리지 않고서 결실을 기대할 수 없듯이,
하루하루를 성실히 살아가게 하시고,
그 결과로 주님께 영광 돌리게 하옵소서.
아무리 중요한 학업이나 일이 있어도
먼저 주님의 나라와 의를 생각하게 인도하소서.

모든 일에 주님의 뜻을 먼저 묻고,
그 뜻에 순종하는 제가 되게 해주소서.
예수님의 이름으로 기도합니다. 아멘.

2일

좋은 친구, 좋은 선생님을 만나게 하소서

전도서 12장 11절(Eccleciastes 12:11)

개 지혜자들의 말씀들은 찌르는 채찍들 같고 회중의 스승들의 말씀들은 잘 박힌 못 같으니 다 한 목자가 주신 바이니라

표 지혜로운 사람의 말은 찌르는 채찍 같고, 수집된 잠언은 잘 박힌 못과 같다. 이 모든 것은 모두 한 목자가 준 것이다.

영 The words of the wise are like goads, their collected sayings like firmly embedded nails given by one Shepherd.

모든 것을 가졌다 해도 친구가 없다면, 그 사람은 인생을 살고 싶어 하지 않을 것이다. - 아리스토텔레스

미국 오하이오주의 한 시골에 이사를 와 작은 교회를 다니던 니믹스는 교회학교 교사를 하고 싶었으나 교회에는 학생 수가 적어 더 이상 교사가 필요치 않았습니다. 목사님은 마을의 아이들을 인도해온다면 추가로 반을 편성해주겠다고 말했습니다. 그는 거리에 나와 바로 처음 마주친 네 명의 아이들과 놀다가 교회로 인도했습니다.

그는 아이들이 바르게 자라도록 온 열정을 다해 성경을 가르치고 관심을 가져주었습니다.
아이들은 장성해 마을을 떠난 뒤에도 매년 스승의 노고에 감사를 하며 생일에 맞춰 편지를 보냈는데, 30년이 지난 뒤 그 편지에는 인도 선교사 찰스 콘웨이, 미국 29대 대통령 하딩, 그리고 그의 비서관과 당시 미국 금융위원장의 서명이 쓰여 있었습니다. 이 아이들이 그때 선생님을 만나지 못했다면 어떤 인생을 살게 되었을까요?

담대하게 아이들에게 복음을 전하고 바른 길로 이끌어주려는 좋은 교사, 그리고 함께 교회를 따라간 친구들의 좋은 우정이 백배의 결실을 맺는 씨앗이 되었습니다.

좋은 선생님을 만나고, 좋은 친구를 만나는 관계의 복은 인생에도, 신앙에도 매우 중요합니다. 특히나 많은 선생님들과 많은 친구를 만나는 십대의 시절에 좋은 관계를 위한 기도가 더욱 많이 필요합니다. 좋은 친구와 선생님을 만나게 해달라고 기도하십시오.

기도

푸른 초장으로 인도하시고 먹이시는 주님,
감사와 찬양을 드립니다.
특별히 좋은 선생님과 좋은 친구를 만나는
관계의 복을 위해 기도합니다.

학교에서, 교회에서 만나는 선생님들을
먼저 존중하는 마음을 갖게 하시고,
선생님이 주시는 가르침에 귀를 기울임으로
지혜롭게 배우고 익히게 해주옵소서.

믿는 친구들과는 더욱 돈독한 신앙과
또 우정으로 맺어지게 하시고,
믿지 않는 친구들에게 선한 영향력을 끼치는
주님의 자녀로 바로선 제가 되게 하옵소서.

좋은 관계의 지경이 더욱 풍성해지게 해주소서.
예수님의 이름으로 기도합니다. 아멘.

성경적인 가치관을 가지게 하소서

디모데후서 3장 15절(2 Timothy 3:15)

개 또 네가 어려서부터 성경을 알았나니 성경은 능히 너로 하여금 그리스도 예수 안에 있는 믿음으로 말미암아 구원에 이르는 지혜가 있게 하느니라

표 그대는 어려서부터 성경을 알고 있습니다. 성경은 그리스도 예수를 믿는 믿음으로 말미암아 구원에 이르는 지혜를 그대에게 줄 수 있습니다.

영 and how from infancy you have known the holy Scriptures, which are able to make you wise for salvation through faith in Christ Jesus.

성경의 번역 중 가장 위대한 번역은 내 삶으로 하는 번역이다. - 토레이

미국의 유명 컨설팅 업체인 브레인 리저브의 사장인 페이스 팝콘 여사는 마케팅계의 노스트라다무스라고 불립니다. 뉴욕 타임스로부터 '세계 최고의 트렌드 제조기'라는 찬사를 받은 그녀는 보통 사람들과는 전혀 다른 시각으로 미래의 유행을 정확히 예측합니다.

1980년대부터 생활상을 바탕으로 히트상품과 소비 트렌드를 정확하게 예측했던 그녀는 최근까지도 정확하게 미래를 예측하고 있습니다.

21세기를 넘어 찾아올 생활 모습과 남녀의 성 정체성의 변화 등에 대해서 예견한 '클릭!' 시리즈와 '미래생활사전'은 발간되자마자 세계적인 베스트셀러가 되었습니다.

그런데 이런 그녀가 기자회견에서 미래 예견의 비결은 바로 성경이었다고 밝혔습니다. 그녀는 어릴 때부터 읽었던 성경을 통해 통찰력을 키웠고, 주일 교회에 가서 목사님의 설교를 통해 상상력을 키웠고, 여기에 예수님의 사랑으로 사람들을 어떻게 섬길 것인가 기도중에 창의력이 생겨 세상을 분석하고 예측하는데 큰 도움이 되었다는 고백을 했습니다.

페이스 팝콘 여사는 명문대 출신도 아니고 수재도 아니었습니다. 오직 성경이 그녀의 지혜의 원천이었습니다.

성경은 이천년 전에 나온 낡은 책이 아니라 지금도 살아 움직이는 지혜와 생명의 책입니다. 지금도 마땅히 배우고 지켜야 할 모든 사람들의 기준입니다. 성경의 가치관을 무시하지 말고 하나님의 말씀으로 받게 해달라고 기도하십시오.

💚 기도

멋진 삶을 살게 하실 주님께 감사를 드립니다.
성경을 통해 주님을 더욱 알고,
주님의 마음을 품게 되길 기도합니다.

하나님의 말씀으로 삶의 가치관을 세우고
순간순간 말씀을 묵상하게 하시고, 그 말씀으로
인생의 기준을 삼아 지키며 살아가게 해주소서.

마음대로 살라는 세상의 가치관과
죄의 유혹에 빠지지 않게 도와주시고,
말씀을 기준으로 선한 양심을 지키며
정결하고 거룩한 삶을 살아가게 해주소서.

성경을 통해 지혜를 깨닫고
성령님의 인도하심을 따라 살아가므로
주님께 영광이 되는 삶이 되게 하소서.
예수님의 이름으로 기도합니다. 아멘.

4일

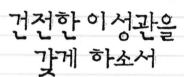

건전한 이성관을 갖게 하소서

히브리서 13장 4절(Hebrews 13:4)

개 모든 사람은 결혼을 귀히 여기고 침소를 더럽히지 않게 하라 음행하는 자들과 간음하는 자들을 하나님이 심판하시리라

표 모두 혼인을 귀하게 여겨야 하고, 잠자리를 더럽히지 말아야 합니다. 음란한 자와 간음하는 자는 하나님의 심판을 받을 것입니다.

영 Marriage should be honored by all, and the marriage bed kept pure, for God will judge the adulterer and all the sexually immoral.

연애는 미래를 함께 하고자하는 바람이지, 현재의 순간을 위한 욕구가 아니다. - E. 케이

한국청소년상담복지개발원의 조사에 따르면 10대 청소년들이 연애에 대해서 가장 크게 고민하는 것은 1위가 짝사랑(48%)이었고, 2위가 헤어지고 난 뒤의 후유증(20%)이었습니다. 그런데 2위인 후유증의 원인은 '지나친 성관계 요구, 관계를 위해 어쩔 수 없이 맺은 성관계, 사랑이 느껴지지 않는다'와 같이 대부분 10대의 연애에 대한 잘못된 인식과 시각 때문에 일어나는 일들이었습니다.

청소년 시절에는 이성에 대한 호기심이 가장 활발한 때입니다. 그러나 감정적, 신체적인 발달이 아직 불안정한 탓에 이 시기의 연애에 대해서는 바른 교육과 스스로의 몸과 마음을 관리하는 지혜가 필요합니다.

어떤 사람들은 10대 때의 연애와 성이 빠른 성장에 따른 자연스러운 현상이라고 말하지만 이

것은 개방된 문화와 잘못된 교육, 그리고 억압으로 인해 일어나는 사회적인 문제입니다.

미국에서 두 딸과 함께 성경적인 10대의 생활을 위해 연구하고 있는 '긍정십대, 파워십대'의 저자 캐롤 래드는 10대들이 잘못된 이성교제를 하는 이유는 '안정감, 내세우기 위한 자랑거리, 육체적 관계에 대한 욕구'와 같이 잘못된 생각들이 대부분의 원인이라고 지적합니다. 그리고 상대방을 향한 배려와 서로를 존중하는 안전한 원칙을 세워야 성경적으로 죄를 짓지 않으면서도 미래와 상대방을 위한 진짜 연애를 할 수 있다고 조언을 했습니다.

십대 때 형성된 이성관은 인생에 큰 영향을 미칩니다. 잘못된 감정과 문제에 치우치지 않는 건전한 이성관을 달라고 기도하십시오.

💜 기도

참된 사랑을 가르치신 주님 감사합니다.
십대 때에 필요한 바른 이성관과
건전한 교제를 위해 주님께 기도합니다.

주님, 모든 면에서 성숙하지 않은 십대에
세상의 잘못된 친구들이 전해주는
그릇된 정보와 분위기에 휩쓸리지 않고
마음을 지킬 수 있는 힘을 주옵소서.

또한 교제를 하더라도 지금에 몰입하지 않고
미래를 위한 준비로 생각하게 하시고,
서로의 미래를 생각하며 함께 배려하고
도움을 줄 수 있는 관계가 되게 하소서.

장차 저를 위해 예비하신 배우자를
지금 있는 곳에서 지켜주시고, 준비시켜 주옵소서.
예수님의 이름으로 기도합니다. 아멘.

5일

부모님과 어른들을 공경하게 하소서

에베소서 6장 2-3절(Ephesians 6:2-3)

개 네 아버지와 어머니를 공경하라 이것은 약속이 있는 첫 계명이니 이로써 네가 잘되고 땅에서 장수하리라

표 "네 부모를 공경하여라" 한 계명은 약속이 딸려 있는 첫째 계명입니다. "네가 잘 되고, 땅에서 오래 살 것이다" 한 약속입니다.

영 "Honor your father and mother" which is the first commandment with a promise "that it may go well with you and that you may enjoy long life on the earth."

자식이 효도하면 어버이는 즐겁고 집안이 화목하면 모든 일이 이루어진다. - 명심보감

탈무드에는 부모를 공경하는 것에 대해 이런 이야기가 나옵니다.

다마라는 지역에 커다란 다이아몬드를 가진 상인이 있었습니다. 이스라엘에서 가장 큰 다이아몬드였기 때문에 갖고 싶어 하는 사람은 많았지만 300달란트라는 엄청난 금액 때문에 부자들도 엄두를 낼 수 없었습니다.

하루는 믿음이 좋은 한 부자가 성전의 장식을 위해서 그 다이아몬드를 사겠다고 찾아왔습니다.

"성전을 꾸미기 위해서 보석이 필요합니다. 350달란트를 드릴 테니 제발 저에게 파십시오."

그러나 다이아몬드를 가지러 방에 들어갔던 상인은 오늘은 팔 수 없다고 말했습니다.

"다이아몬드를 넣어둔 금고는 아버지가 가지고 계십니다. 그런데 지금 낮잠을 주무시는 중이라

깨울 수가 없습니다. 그냥 300달란트에 다이아몬드를 팔 테니 죄송하지만 내일 와 주시면 감사하겠습니다."

부자는 상인의 효심이 다이아몬드보다도 가치가 있다고 생각해 이 이야기를 널리 알리고 다음날 350달란트를 들고 와서 다이아몬드를 사갔습니다.

부모님과 어른을 공경하는 것은 하나님이 주신 가장 첫 번째 계명이자 모든 선행의 시작입니다. 부모님과 어른들을 항상 공경하는 것은 누구에게나 어려운 일이고 10대 때에는 더욱 그렇습니다. 그러나 하나님은 어려운 가운데에서도 계명을 지키려는 자녀들의 모습을 통해 기뻐하시고 또한 복을 주신다는 것을 기억해야 합니다. 부모님을 공경하는 마음과 실천하는 행동을 위해 기도하십시오.

🩷 기도

사랑이신 주님 감사합니다.
먼저는 부모님을 향한 공경의 마음을 위해
이 시간 주님께 기도합니다.

부모님을 공경하는 것은 주님의 계명이며
저를 위한 계명임을 이해하게 하시고,
부모님의 잘못이나 흠이 보여 이해가 안 되어
때때로 힘든 마음이 생길지라도
아버지의 실수를 조용히 은밀하게 덮어주었던
셈과 야벳과 같은 자녀가 되게 해주옵소서.

어른들을 향해서도 예의를 잃지 않게 하시고
섣부른 말대답보다는 먼저 경청으로,
불쾌한 표정보다는 공손한 태도로,
감정을 지혜롭게 다스는 사람이 되게 하소서.
은연중에 모든 것을 보시고 갚아주실
예수님의 이름으로 기도합니다. 아멘.

멋진 인생을 위한 7가지 "~거라" 교훈

1. 하나님을 사랑하고 신앙생활을 잘 하거라.

2. 기도하기를 힘쓰고 매일 말씀을 읽거라.

3. 돈보다 시간을 아끼거라.

4. 겉모습보다 마음을 잘 관리하거라.

5. 건강해지는 습관을 들이거라.

6. 지혜로운 친구와 사귀거라.

7. 가정의 사사로운 일에도 관심을 가지거라.

비전/할 일 점검

지난 5일 동안 기도하면서 받은 비전이나 할 일을 적고,
그 성취 방법을 생각나는데로 야무지게 적으십시오.

비전이나 할 일	성취방법

6일

고3때에도
주일 성수하게 하소서

마태복음 6장 33절(Matthew 6:33)

개 그런즉 너희는 먼저 그의 나라와 그의 의를 구하라 그리하면 이 모든 것을 너희에게 더하시리라

표 너희는 먼저 하나님의 나라와 하나님의 의를 구하여라. 그리하면 이 모든 것을 너희에게 더하여 주실 것이다.

영 But seek first his kingdom and his righteousness, and all these things will be given to you as well.

기도하지 않고 성공했다면, 성공한 그것 때문에 결국은 망하게 된다. - 찰스 스펄전

한국의 고3들은 입시지옥이라고 표현될 정도로 고생을 심하게 합니다. 그리고 이런 치열함 때문에 교회에서도 고3은 신앙생활보다 공부를 더 중요하게 여겨도 괜찮은 존재로 여겨집니다. 그러나 신앙생활을 철저히 지키면서도 명문대에 입학한 학생들의 이야기를 담은 책인 '고딩, 파이팅', '크딩, 파이팅'(나침반출판사 발행)의 저자들은 고3도 신앙을 철저히 지켜야 하는 이유를 다음과 같이 뽑았습니다.

1. 신앙은 선택의 문제가 아니기 때문.

2. 신앙은 학업에 방해가 되지 않고, 오히려 도움을 주기 때문.

3. 신앙이 잡혀있지 않은 상태의 명문대 진학, 그리고 성공은 의미가 없기 때문.

4. 고3도 신앙을 지켜야 한다는 본을 후배들에게 보일 수 있기 때문.

5. 가장 힘든 때에 신앙을 통해 오히려 하나님을 체험하는 경험이 되기 때문.

6. 주일에 교회를 안 가고 공부를 해도 마음에 갈등이 생겨 집중할 수 없기 때문.

7. 하나님께 더욱 담대하게 기도해야 할 때이기 때문.

신앙은 절대로 학업에 방해가 되지 않습니다. 그러나 신앙이 설령 학업에 방해가 된다 해도 하나님보다 다른 것을 먼저 생각하는 사람은 절대로 성공을 할 수 없습니다. 내 인생의 최우선 순위를 항상 하나님으로 놓는 것이 진정한 성공의 비결입니다. 힘든 상황에도 포기하지 않는 신앙을 위해 기도하십시오.

💕 기도

변함없는 사랑으로 사랑하시는 주님, 감사합니다.
많은 사람들이 학업에 열중해야 한다는 이유로,
명문대에 가서 성공을 해야 한다는 이유로,
학창시절에 교회를 떠나갑니다.

그러나 그것은 좋은 방법이 아님을 믿습니다.
힘들 때에 더욱 의지해야 하는 것이 주님이며
신앙이어야 함을 깨닫게 하옵소서.
제가 고3이 되어도, 더한 갈등이 찾아와도
절대로 신앙을 타협하지 않게 도와주시고,
특히나 주일예배만큼은 꼭 지키게 하소서.

주님을 향해 흔들림 없는 믿음으로,
그리스도인에게도, 믿지 않는 사람들에게도
본이 되는 학창시절을 보내게 하옵소서.
예수님의 이름으로 기도합니다. 아멘.

💕

게임, 약물, TV, 음란물에 중독되지 않게 하소서

골로새서 3장 5절(Colossians 3:5)

개 그러므로 땅에 있는 지체를 죽이라 곧 음란과 부정과 사욕과 악한 정욕과 탐심이니 탐심은 우상 숭배니라

표 그러므로 땅에 속한 지체의 일들, 곧 음행과 더러움과 정욕과 악한 욕망과 탐욕을 죽이십시오. 탐욕은 우상 숭배입니다.

영 Put to death, therefore, whatever belongs to your earthly nature: sexual immorality, impurity, lust, evil desires and greed, which is idolatry.

지나치지 않게 알맞게 행동해서 후회하는 일은 없다.
- 토마스 제퍼슨

종교개혁을 한 마틴 루터는 어려운 라틴어 성경을 누구나 읽을 수 있게 독일어로 번역을 하기도 했습니다. 그는 방해를 피해 비텐베르크성에 숨어서 번역을 완성했는데 루터가 성경을 번역하던 방의 벽과 기둥에는 무수히 많은 잉크 자국이 남아 있습니다.

괴로운 은둔 생활 중 차라리 세상과 타협하여 좋은 자리를 얻고 편안하게 사는 것이 낫겠다는 유혹이 마음속에 여러 번 생겼었는데 그때마다 "사탄아 물러가라!"라고 외치며 잉크병을 벽이나 기둥에 던져서 생긴 것입니다.

사탄의 유혹에 'OK!'하는 순간 하나님은 'NO!'라고 하십니다. 반대로 세상의 유혹을 우리가 'NO!'하고 이겨내면 하나님께서 'OK!'하십니다. 루터가 잉크를 던져 유혹을 이겨냈듯이 하나님

으로부터 우리를 멀어지게 하는 것들을 기도로
떨쳐내야 합니다.

요즘 우리는 정보의 홍수시대에 살고 있습니다.
그 중에는 우리의 인생을 파괴시키는 정보도 무
수하며, 우리를 유혹하며 중독시키는 잘못된 정
보가 많습니다.

하나님보다 더욱 깊이 빠진 것이 있다면 그것이
무엇이든 간에 우상숭배입니다. 하나님의 음성
과 신호를 놓칠 정도로 세상의 문화와 즐거움에
너무 깊이 빠져서는 안 됩니다. 주님께 분별력을
달라고 구하고 잘못된 중독의 늪에 빠지지 않게
해달라고 기도하십시오.

❤️ 기도

의의 길로 인도하시는 주님을 찬양합니다.
살면서 오감으로 누리는 많은 즐거움들이 있지만,
그것들이 경건한 삶을 망치지 않게 하소서.
그리고 이 모든 것들을 누리면서
자제와 절제하는 균형의 능력을 주옵소서.

게임으로 시간을 많이 낭비하지 않게 하시고,
몸과 맘을 상하게 하는
술과 담배와 같은 잘못된 쾌락들에
빠지지 않도록 주님께 기도합니다.
TV에 중독되며 무기력한 삶을 살지 않고
음란물에 중독되는 삶이 되지 않게 하소서.

그리고 세상의 어떤 즐거움도
주님보다는 귀하게 여기지 않게 하시고,
주님을 예배하는 일보다
중요하게 여기지 않게 해주소서.
예수님의 이름으로 기도합니다. 아멘.

8일

올바른 경제관념을
갖게 하소서

잠언 11장 24절(Proverbs 11:24)

개 흩어 구제하여도 더욱 부하게 되는 일이 있나니 과도히 아껴도 가난하게 될 뿐이니라

표 남에게 나누어 주는데도 더욱 부유해지는 사람이 있는가 하면, 마땅히 쓸 것까지 아끼는데도 가난해지는 사람이 있다.

영 One man gives freely, yet gains even more; another withholds unduly, but comes to poverty.

악의 근원을 이루는 것은 돈 자체가 아니라, 돈에 대한 애착인 것이다. – 사무엘 스마일즈

영국의 어느 마을에 구두쇠로 소문난 부자가 있었습니다.

매일 많은 돈을 벌었지만 제대로 먹지도 입지도 않고 오로지 돈을 모으기만 하던 그는 가게에 커다란 비밀금고를 설치해두고 매일 밤 자기 전에 돈을 보면서 만족했습니다.

그러던 어느 크리스마스 이브였습니다. 그는 금고에 들어가 흐뭇한 마음으로 돈을 구경하다가 실수로 금고 문이 닫혀버려 갇히게 되었습니다. 하루가 지나고 이틀이 지나자 그는 추위와 굶주림, 고독이 찾아오며 그토록 아끼며 소중히 여기던 돈이 쌓인 금고는 천국이 아니라 지옥이었으며 만족이 아니라 결핍임을 알았습니다.

금고에 갇힌 지 사흘째 되던 날, 그는 출근한 직원에 의해 가까스로 구조됐습니다. 금고에서 나온 부자는 그때껏 모은 돈을 남들에게 베풀며 살기로 결심하면서 말했습니다.
"이제 나는 비로소 돈의 올무에서 벗어났다. 나는 금고에서 삶의 진리를 깨달았다."
찰스 디킨스의 소설 '크리스마스 캐롤'의 주인공인 스크루지의 이야기입니다.

돈을 벌고, 저금을 하고, 투자를 하는 일은 세상의 원리와 원칙을 따라야 합니다. 그러나 돈을 벌고자 하는 이유와 돈을 사용하는 원리에는 철저히 하나님과 성경의 법칙을 따라야 합니다. 돈은 목적이 아니라 수단과 방법이 되어야 합니다. 하나님이 보시기에 좋은 방법대로 돈을 사용하게 해달라고 기도하십시오.

💙 기도

필요를 아시고 채워주시는 주님 감사합니다.
주님의 원리에 따라 지혜롭게 돈을 벌고
주님이 주시는 마음을 따라
현명하게 돈을 사용하게 되기를 기도합니다.

오로지 성공이 목적이며, 돈이 최고라는
잘못된 세상의 생각에서 벗어나게 하소서.
돈을 벌려고 법을 무시하고 양심을 어기는
잘못되고 무례한 행위를 지금에도,
또한 나중에도 하지 않게 해주옵소서.

정당한 방법으로 돈을 벌고,
번 돈을 소중히 여기고 저축하고,
그러나 필요한 일에는 아끼지 않게 하옵소서.
받은 축복을 아까워하지 않고 나누는
저의 삶이 되게 하소서.
예수님의 이름으로 기도합니다. 아멘.

💙

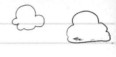

인내하고 절제하게 하소서

야고보서 1장 4절(James 1:4)

개 인내를 온전히 이루라 이는 너희로 온전하고 구비하여 조금도 부족함이 없게 하려 함이라

표 여러분은 인내력을 충분히 발휘하여, 조금도 부족함이 없이 완전하고 성숙한 사람이 되십시오.

영 Perseverance must finish its work so that you may be mature and complete, not lacking anything.

당신의 동의 없이는 아무도 당신에게 열등감을 느끼게 할 수 없다. – 엘리너 루스벨트

헤밍웨이는 자신의 역작인 '노인과 바다'를 쓰기 위해서 원고를 80번이나 정독하며 수정했습니다.

'실락원'을 쓴 밀턴은 일을 하면서 책을 쓰기 위해 매일 새벽 4시에 일어났습니다.

노아 웹스터는 사전을 만들기 위해서 대서양을 2번이나 횡단하며 자료를 모았으며, 편집에 36년을 쏟았습니다.

달변으로 유명한 로마의 정치가 키케로는 웅변술을 위해 30년 동안을 매일 친구들 앞에서 말하는 연습을 했습니다.

교향곡의 아버지로 불리는 하이든은 가난에 시달리면서도 8백 개가 넘는 곡을 작곡했습니다. 하이든의 초창기의 곡들은 인기가 없어서 팔리지도 않았지만 그는 작곡을 멈추지 않았습니다. 하이든이 작곡한 불후의 명곡인 '천지창조'는 전

성기가 한참 지난 66세 때 발표한 곡입니다.
레오나르도 다빈치는 최후의 만찬을 10년에 걸쳐 그렸습니다. 그는 그림을 그리는 일에 너무 집중한 나머지 식사를 하는 것도 잊은 채 하루 종일 그림만 그리던 때가 많이 있었습니다.

위의 언급된 인물들은 모두 하나같이 자신의 분야에서 대가로 인정받는 사람들입니다. 그러나 이들이 특출한 것은 재능보다도 그 재능이 꽃을 피울 때까지 기다리는 인내였습니다.
포기하고 싶을 때 한 번만 더 인내하십시오. 마음의 분을 참기 힘들 때도 한 번만 더 인내하십시오. 예수님이 나를 위해 십자가의 순간까지 인내하셨듯이 여러분 역시 예수님을 위해 인내하십시오. 인내와 절제를 위해 기도하십시오.

🖤 기도

끝까지 참으시고 저를 구원해주신 주님,
감사와 찬양과 영광을 돌립니다.
학업을 하면서 어려운 일도 많고,
포기하고 싶을 때도 많습니다.
그러나 눈물로 씨를 뿌리고 기쁨의 단을 거두는
농부들을 생각하며 이기게 하소서

정말로 힘들 때 포기하지 않고
한 번 더 도전할 힘을 주옵소서.
지금의 소중한 노력이 쌓여
나중에 큰 결실을 이루게 됨을 기억하고
인내함으로 씨를 뿌리는
귀중한 10대의 때가 되게 해주옵소서.

가족 관계, 교우 관계, 선생님과의 관계가
더욱 순탄해지는 복을 내려주실 줄 믿습니다.
예수님의 이름으로 기도드립니다. 아멘.

기도 응답으로 하나님을 체험하게 하소서

예레미야 33장 3절(Jeremiah 33:3)

개 너는 내게 부르짖으라 내가 네게 응답하겠고
네가 알지 못하는 크고 비밀한 일을 네게 보이리라

표 네가 나를 부르면, 내가 너에게 응답하겠고, 네가 모르는 크고 놀라운 비밀을 너에게 알려 주겠다.

영 Call to me and I will answer you and tell you great and unsearchable things you do not know.

기도할 때는, 모든 것이 하나님께 달려 있는 것처럼 간절히 기도하라. 일할 때는, 모든 것이 당신에게 달려 있는 것처럼 최선을 다해 일하라. - 마틴 루터

기도응답을 평생 동안 5만 번이나 받았다는 '고아들의 아버지' 조지 뮬러에겐 기도를 응답받은 내용을 기록한 수첩이 있었습니다.

훗날 그 수첩을 연구한 학자들은 '조지 뮬러 기도 응답의 여섯 가지 특징'으로 정리했습니다.

① 예수님의 공로가 축복의 근원이라는 확신.

② 기도하기 전에 먼저 마음의 모든 죄를 고백하는 회개.

③ 하나님의 약속이 이루어질 것이라는 확실한 믿음.

④ 자신의 생각이 아닌 하나님의 뜻을 따르고자 하는 목적.

⑤ 하나님을 신뢰하고 기다리는 끈기.

⑥ 작고 사소한 일들까지도 기도하는 섬세함.

참된 기도의 응답은 나의 마음을 하나님에 맞추는 것으로부터 이루어집니다.

'이루어지는 것'도 '이루어지지 않는 것'도 모두 하나님의 응답입니다. 그래서 세계적인 신학자인 우찌무라 간조오는 숨을 거두면서 다음과 같은 말을 남겼습니다.

"만약 제가 한 기도 그대로를 하나님이 들어주셨다면 저는 제멋대로에다 교만하기 짝이 없고, 건방지기까지 한 인간이 되었을 것입니다. 그러나 하나님께서는 저의 영혼을 파괴하고 죄짓게 하는 기도는 들어주지 않으셨습니다."

하나님은 언제나 좋은 것을 우리에게 주시는 분입니다. 그런 믿음을 갖고, 응답의 확신을 갖고, 뜨겁게 주님께 구하십시오.

💜 기도

기도를 듣고 응답하시는 주님 감사합니다.
주님과 매일 기도로 소통하게 하시고,
주님의 마음에 합당한 기도로
응답받는 놀라움이 있는 삶이 되게 하소서.

주님의 뜻에 맞는 기도를 할 수 있게
정결한 마음을 주시고, 성경을 통해
주님의 마음을 알게 되게 해주시고,
육신의 피곤함, 마음의 어려움으로
기도를 그치지 않게 하옵소서.

두려움 없이 필요를 구하며,
응답에 대한 확신이 저의 기도에 있게 하소서.
들어주신 기도를 잊지 않고 체크해
살아서 제 삶에 역사하시는 주님이심을
나날이 더욱 알아가게 하옵소서.
예수님의 이름으로 기도합니다. 아멘.

💜

<습관을 바꾸는 데 도움을 주는 7가지 수칙>

1. 습관을 바꾸는 데는 최소한 21일이 필요하다.
2. 바꿀 습관에 대한 구체적인 목표가 필요하다.
3. 체크리스트를 활용하면 큰 도움이 된다.
4. 아침마다 바꾸어야 할 습관과 목표를 되새긴다.
5. 주위 사람들에게 결심을 알리고 도움을 요청한다.
6. 자기 전에는 하루의 삶을 반성하고 평가한다.
7. 3달마다 바꾼 습관이 잘 지켜지고 있는지 지속적으로 확인한다.

비전/할 일 점검

지난 5일 동안 기도하면서 받은 비전이나 할 일을 적고,
그 성취 방법을 생각나는대로 야무지게 적으십시오.

비전이나 할 일	성취방법

11일

가족과 가정의
소중함을 알게 하소서

디모데전서 5장 8절(1 Timothy 5:8)

개 누구든지 자기 친족 특히 자기 가족을 돌아보지 아니하면 믿음을 배반한 자요 불신자보다 더 악한 자니라

표 누구든지 자기 친척, 특히 가족을 돌보지 않으면, 그는 벌써 믿음을 버린 사람이요, 믿지 않는 사람보다 더 나쁜 사람입니다.

영 If anyone does not provide for his relatives, and especially for his immediate family, he has denied the faith and is worse than an unbeliever.

벗어나려 애를 써도, 어딘가를 방랑하든, 우리의 피로한 희망은 평온을 찾아 결국 가정으로 되돌아온다.
– 올리버 골드스미스

미국 네브라스카 주립대학교의 스티네트 교수는 가정에 대해서 전문으로 연구하는 학자로 수년간 건강하고 행복한 가족들이 가지고 있는 공통점을 조사했는데, 그 결과 다음의 6가지 항목이 나왔습니다.

1. 감사(Appreciation): 아무리 작은 호의나 배려에도 감사하다고 말로 정확히 표현을 했고 때로는 가벼운 스킨십으로 표현을 했습니다.
2. 헌신(Commitment): 부모님은 되도록 자녀들의 주장을 들어주려 하고 자녀들도 되도록 부모님의 요구를 벗어나지 않도록 조심하는 서로를 향한 헌신이 있었습니다.
3. 교통(Communication): 문제를 혼자 해결하기보다는 함께 의논하고 해결책을 찾아갔습니다.

4. 함께 갖는 시간(Time Together): 최소한 하루에 한 번은 함께 식사를 했으며, 주일날 교회 출석이나 주말의 나들이 같이 가족이 함께하는 시간을 최대한 많이 가졌습니다.

5. 정신적 건강(Spiritual Wellness): 대부분 봉사를 중요하게 여기고, 윤리적인 수준이 높았으면 박애주의적인 시각을 가지고 있었습니다.

6. 극복의 능력(Coping Ability): 잦은 대화를 통해 서로의 문제를 알기 때문에 문제 해결을 더욱 창의적으로 할 수 있었습니다.

가족은 하나님이 주신 가장 귀한 관계이며 모든 관계의 시작입니다. 그러므로 가족을 소중히 여기는 마음과 회복을 위한 노력, 함께하는 기도의 시간이 정말로 필요합니다. 가족들과 기도제목을 함께 나누며 서로를 위해 기도하십시오.

🩷 기도

좋은 가정을 허락하신 주님 감사합니다.
우리 가정에 화목의 축복을 부어주시고
주님의 보호하심이 있게 하옵소서.

말씀의 원리를 지키는 가정이 되게 하시고,
서로 간의 불신과 반목, 분노와 무례가 아닌
믿음과 사랑과 감사가
언제나 넘치는 화목한 가정되게 하소서.

저부터 부모님을 존경과 존중하고,
경청하며 사랑으로 순종하는 모습을
보여드릴 수 있게 하소서.

가정이 점점 무너져가는 시대에
주님이 기뻐하시고 세상에는 모범이 되도록
우리 가정을 사용해 주실 줄 믿습니다.
예수님의 이름으로 기도합니다. 아멘.

*12*일

정직한 마음으로
지혜롭게 살게 하소서

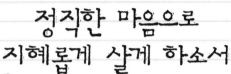

시편 7장 10절(Psalms 7:10)

개 나의 방패는 마음이 정직한 자를 구원하시는 하나님
께 있도다

표 하나님은 나를 지키시는 방패시요, 마음이 올바른
사람에게 승리를 안겨 주시는 분이시다.

영 My shield is God Most High, who saves the
upright in heart.

오래가는 행복은 정직한 것에서만 발견할 수 있다.
- 리히텐베르크

미국의 벤더빌트 대학교에서 수학을 가르치는 매디슨 체릿 교수는 감독 없이 시험을 치르는 선생님으로 유명합니다.

교수님은 시험지를 나눠주고 바로 강의실을 나가 시험이 끝나는 시간에 맞춰서 들어옵니다. 마음만 먹으면 누구든지 부정행위를 저지를 수 있는 방식입니다. 교수님은 시험에 앞서 항상 다음과 같은 말을 학생들에게 해줍니다.

"저는 여러분을 위해 두 가지 시험을 준비했습니다. 하나는 제가 채점하는 수학이라는 시험이고, 하나는 여러분이 채점하는 정직이라는 시험입니다. 수학에서 높은 점수를 받는다면 여러분은 빨리 성공할 수 있을지도 모릅니다. 낮은 점수를 받으면 어쩌면 조금 늦어질 수도 있습니다. 그러나 정직의 시험을 통과하지 못하면 여러분은 절

대 진짜 성공을 할 수가 없습니다. 정직을 통과
하면 수학을 실패해도 인생을 잘 살아갈 수 있습
니다. 그러나 정직을 통과하지 못하면 보람 있는
삶은 기대할 수 없습니다."

정직은 우리의 인생을 통해 살피시는 하나님의
시험입니다. 요셉과 같이 정직한 사람들은 어려
움을 당하고 미움을 받지만 결국에는 하나님의
축복을 받고 인정을 받습니다. 오늘 양심에 비추
어 정직한 삶을 살고 항상 하나님 편에 설 수 있
게 되는 삶을 살기로 결심하십시오. 정직한 삶으
로 하나님의 지혜를 나타내는 삶을 위해 기도하
십시오.

🩵 기도

찬양의 제사로 주님을 높여드리기 원합니다.
요셉과 같은 정직한 마음으로
주님을 기쁘게 해드리기를 기도합니다.

주님, 비록 아직 어린 나이이지만
그래도 매일 같이 양심을 어기고,
죄를 짓고 싶은 순간들이
저에게도 종종 찾아오옵니다.

그런 순간에 마음을 빼앗겨
주님의 말씀을 어기지 않게 도와주시고,
잘못된 합리화로 죄를 짓지 않게 하옵소서.

정직한 사람에게 주시는 하나님의 축복이
주님 앞에 정직한 삶을 살아가기로 결심한
저의 삶에 나타나기를 소망합니다.
예수님의 이름으로 기도합니다. 아멘.

13일

다른 사람의
폭언과 무례에
상처받지 않게 하소서

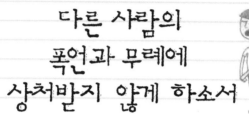

요한복음 14장 27절(John 14:27)

개 내가 너희에게 주는 것은 세상이 주는 것 같지 아니
하니라 너희는 마음에 근심도 말고 두려워하지도 말
라

표 내가 주는 평화는 세상이 주는 평화와 같은 것이 아
니다. 너희는 마음에 근심하지 말고, 두려워하지도
말아라.

영 I do not give to you as the world gives. Do
not let your hearts be troubled and do not be
afraid.

세상의 가장 웅장한 광경은 역경을 이겨내는 장한 자의 모
습이다. - 세네카

영화감독 존 휴스턴이 가족과 함께 식사 중이었는데 딸 안젤리카가 반 고흐에 대해서 말을 꺼냈습니다.

"아빠, 난 반 고흐가 정말 싫어요! 그 사람의 그림은 최악인 것 같아요."

존이 안젤리카에게 물었습니다.

"반 고흐의 그림이 싫은 이유가 뭐지? 어떤 그림이 왜 싫은지 말해 줄 수 있겠니?"

딸이 답을 못하자 존이 부드럽게 말했습니다.

"무엇이든 간에 잘 알지 못하면서 비판하는 것은 좋지 않단다. 비판은 매우 필요하고 중요한 일이지만 신중하게, 또 잘 알아본 뒤에 해야 한다는 것을 알았으면 좋겠구나."

중국의 어떤 현자가 자신의 제자들을 불러놓고 다음과 같은 문제를 냈습니다.

"여기 종이에 그은 줄을 짧게 만들어보아라, 그러나 절대로 지우개는 사용해선 안 된다."
제자들은 고심을 했지만 마땅한 방법을 찾을 수가 없었습니다. 그러다 한 제자가 스승이 그린 줄 옆에 더 긴 줄을 연필로 그었습니다. 더 긴 줄이 생기자 현자가 그린 줄은 자연스럽게 더 짧게 보였습니다,

사람들과의 관계에서 힘이 들 때는 하나님과의 관계의 줄을 더욱 길게 그릴 필요가 있습니다.

💙 기도

끝까지 용서해 주시는 주님 감사를 드립니다.
비판과 비난의 모습을 보이기보다
배려의 마음을 가지는 제가 되게 하소서.

사람들을 비판하고 비난하는 일에는
책임이 따른다는 것을 항상 기억하게 하시고,
그러나 다른 사람의 이유 없는 비난과 무례에는
개의치 않고 신경 쓰지 않게 힘을 주옵소서.

도저히 견딜 수 없을 때는
주님께 마음을 고백하는 기도로 위로받고
화를 이길 새로운 힘을 얻게 해주세요.

주님께 더욱 의지함으로
사람에게 받는 상처를 이길 힘을 얻게 하소서.
예수님의 이름으로 기도합니다. 아멘.

14일

어려움 당하는 친구들을
돕게 하소서

베드로전서 4장 10절 (1 Peter 4:10)

개 각각 은사를 받은 대로 하나님의 여러 가지 은혜를 맡은 선한 청지기 같이 서로 봉사하라

표 모두 자기가 받은 은사를 따라서, 하나님의 여러 가지 은혜를 맡은 선한 관리인으로서, 서로 봉사하십시오.

영 Each one should use whatever gift he has received to serve others, faithfully administering God's grace in its various forms.

세상에서 찾을 수 있는 유일한 만족의 길은 봉사이다.
- 찰스 엘리엇

미국 하버드대학교에서 봉사를 하는 사람
들에 대한 중요한 실험 결과가 나왔습니다.
'헬퍼스 하이', '테레사 효과'로 알려진 이 실험
은 '남을 위한 봉사활동을 하거나 심지어 선한
일을 하는 모습을 보기만 해도 인체의 면역기능
이 크게 향상된다'는 내용입니다.

사람의 침에는 면역항체 'Ig A'라는 성분이 들어
있는데, 근심이나 긴장상태가 지속되면 이 항체
가 줄어듭니다. 그러나 봉사를 하거나 남을 돕는
영상을 본 사람들의 침에서는 그 전에 비해 이
항체가 매우 큰 수치로 증가했습니다. 여기에 더
해 심리적인 포만감까지 높아지는 효과도 있었
습니다.

또 의학적으로는 봉사를 한 사람의 몸에는 혈압

과 콜레스테롤이 낮아지고, 엔돌핀이 3배 이상
으로 분비되는 효과가 증명되기도 했습니다.
남을 돕는 일이 나에게 유익이 되는 것은 하나님
이 그렇게 우리를 창조하셨기 때문입니다.

어려운 사람을 돕는 것은 아무리 작은 일이라도
유익이 되고, 나에게도 축복이 됩니다.
서로 도와주고 서로 섬겨주는 것은 자기도 살고
남도 살리는 일이 됩니다.
부모님과 함께할 수 있는 봉사활동을 준비해 하
나님이 주신 섬김의 기쁨을 함께 누려보십시오.
또한 일상에서 만나는 도움이 필요한 친구들을
돕는 용기를 달라고 기도하십시오.

💚 기도

주님, 부족한 저를 하나님의 자녀로
부르시고 세우심에 감사를 드립니다.
주님이 붙여주신 귀한 친구들을
무작정 경쟁상대로만 생각하지 않게 하시고,
제가 도울 수 있는 부분이 있다면
거리낌 없이 다가가 먼저 베풀 용기를 주소서.

한 걸음 더 나아가 친분이 없는 친구들에게도
선행을 베풀 수 있는 사랑의 마음을 주시고,
외모와 말투, 옷차림과 성적으로
친구들을 평가하고 따돌리지 않게 해주세요.

이런 일들 모든 일들을 두려움 없이
진실한 마음으로 매일 행하는
주님의 자녀가 되기를 기도합니다.
예수님의 이름으로 기도합니다. 아멘.

15일

진학에 따른 변화에 잘 적응하여 잘 준비하게 하소서

로마서 12장 2절(Romans 12:2)

개 오직 마음을 새롭게 함으로 변화를 받아 하나님의 선하시고 기뻐하시고 온전하신 뜻이 무엇인지 분별하도록 하라

표 마음을 새롭게 함으로 변화를 받아서, 하나님의 선하시고 기뻐하시고 완전하신 뜻이 무엇인지를 분별하도록 하십시오.

영 But be transformed by the renewing of your mind. Then you will be able to test and approve what God's will is his good, pleasing and perfect will.

당신이 변하지 않는 한, 이미 갖고 있는 것 말고는 아무것도 얻을 수 없다. — 제임스 론

미국에 도로시 딕스라는 학교 선생님이
있었습니다.

그녀는 29세라는 젊은 나이에 폐병에 걸렸는데,
의사의 조언을 따라 영국의 시골로 요양을 떠났
습니다. 하루아침에 일자리를 잃고 삶의 터전도
바뀌었지만 그녀는 당황하지 않고 오히려 '지금
이 상황에서 주님이 바라시는 것이 무엇일까?'
라는 생각을 계속 했습니다. 그런데 한 목사님이
찾아와 캠브리지 교도소의 여자 수감인들에게
성경을 가르치는 일을 부탁했습니다.

그녀는 그 상황이 하나님이 주시는 기회라고 생
각해 흔쾌히 받아들였고, 이후 교도소뿐 아니라
병원, 보호소 등을 돌아다니며 전도를 하고 성경
을 가르쳤습니다. 그리고 이 활동을 통해 정신병
원등과 같은 곳에서 사회적 약자들에게 가하는
가혹행위를 알게 되었습니다. 그녀는 곧 영국과

미국, 캐나다와 이탈리아를 돌아다니며 사회적 약자들이 차별받는 실태를 고발하며 법의 개정을 촉구하는 가두행진을 벌였습니다.

이런 그녀의 노력으로 많은 사람들이 가혹행위에 대해서 알게 되었고 법이 개정되기도 했습니다. 그녀가 숨을 거두었을 때 미국의 한 일간지는 '세상에서 가장 현명한 여인이 눈을 감다'라는 제목으로 기사를 썼습니다.

예수님은 모든 상황에서 나를 향한 계획을 가지고 계십니다. 나에게 일어나는 변화들을 두려워 말고 예수님을 믿음으로 할 수 있는 최선으로 노력하면 적응과 성과로 이어지는 변화의 축복이 임합니다. 큰 변화와 적응이 순간이 찾아올 때마다 주님께 기도로 마음을 고백하십시오.

🫀 기도

놀라운 비전을 주신 주님을 경배합니다.
그 계획에 합당한 삶을 살아가는
제가 되기를 이 시간 기도합니다.

주님, 때로는 제가 예상하지 못한 변화들,
나쁘다고 생각되는 일들이 일어날지라도
제 삶을 통해 분명한 계획을 가지고 계시는
주님을 절대적으로 신뢰하게 하옵소서.

변화를 두려워하지 않고 담대히 나아가는
용감한 십대로 주님께 쓰임 받게 하시고
저의 비전과 학업, 진학과 교우관계까지
주님께 합당한 모습으로 변화되게 하소서.

최악의 상황에서도
주님을 온전히 신뢰하게 하소서.
예수님의 이름으로 기도합니다. 아멘.

〈부모님과의 갈등을 해결하는 대화법〉

1. 불평과 불만을 말하기 전에 최소 5분은 생각하는 시간을 가져라.

2. 솔직한 느낌을 고백하되 높은 언성이나 거친 단어는 피하라.

3. 과거의 문제까지 꺼내지 말고, 현재의 문제만 이야기하라.

4. 문제의 해결책을 위한 나의 의견을 미리 준비하라.

5. 부모님의 말씀도 충분히 귀 기울여 들어라.

6. 부모님의 입장에서도 한 번 생각해보라.

비전/할 일 점검

지난 5일 동안 기도하면서 받은 비전이나 할 일을 적고,
그 성취 방법을 생각나는데로 야무지게 적으십시오.

비전이나 할 일	성취방법

16일

건전하고 품위 있는
언어생활을
하게 하소서

잠언 25장 11절(Proverbs 25:11)

개 경우에 합당한 말은 아로새긴 은 쟁반에 금 사과니 라

표 경우에 알맞는 말은, 은쟁반에 담긴 금사과이다.

영 A word aptly spoken is like apples of gold in settings of silver.

말을 하기에 인간은 짐승보다 낫다.
그러나 바른 말이 아니라면 짐승이 그대보다 나을 것이다.
— 사아디

EBS 다큐 팀은 욕을 많이 하는 학생들의 뇌에 어떤 반응이 일어나는지 연구를 해 두 가지 중요한 결과를 얻었습니다.

1. 신경계 기능이 항상 활성화되어 있다.
교감신경은 흥분상태일 때 활성화 되는 기능이고, 부교감 신경은 심리적 안정 상태일 때 활성화 되는 기능입니다. 욕을 하지 않는 학생은 욕설을 들을 때에 심리적 안정상태가 불안해지고, 이에 따라서 부교감 신경이 활성화되어 몸이 차차 안정을 찾는 쪽으로 움직입니다.

그러나 평소에 욕을 많이 하는 학생은 강한 욕설에도 심리적으로 동요하지 않고, 안정을 찾으려는 노력도 일어나지 않습니다. 따라서 말과 행동이 점점 자극적으로 변하고 몸의 정상적인 반응 상태가 무너지게 됩니다.

2. 어휘와 인지능력이 떨어진다.

욕을 습관적으로 하는 아이들의 뇌는 어떤 단어를 들었을 때 일차적으로 욕을 떠올립니다. 따라서 비슷한 단어를 찾는 문제를 풀게 되면 욕설이 먼저 떠올라 문제를 쉽게 풀지 못합니다. 따라서 첫째로는 문제를 정확히 인식하는 능력이 떨어지고 다음으로 정확한 단어를 찾는 어휘력이 떨어집니다.

말은 나의 정신과 영혼을 나타내는 단어이며, 사랑과 미움을 표현하는 수단입니다. 행복한 삶을 살고 싶고, 건강한 몸을 가지고 싶다면 먼저 건전한 언어를 사용하는 습관을 들여야 합니다. 우리의 입은 하나님을 찬양하고 사랑을 고백하는 데에 사용되는 소중한 도구라는 것을 잊지 말고 건전한 언어생활을 위해 기도하십시오.

🩷 기도

귀하신 주님께 찬양으로 감사를 드립니다.
주님이 받으시기 합당한 말만 하게 하소서.

많은 아이들이 습관적으로 욕을 하고,
또 그것을 의식하지 못하고 살아갑니다.
그러나 마음에 있는 것이 입으로 나오고,
말대로 행동이 따른다는 것을 알게 하소서.

친구들과 주변 분위기를 따라가며
함께 욕을 하며 섞이는 것이 아니라
바른 말로 입술의 죄를 짓지 않고
배려와 격려의 언어생활을 하게 하옵소서

따돌림에 대한 두려움으로
욕을 하지 않도록 도와주시고,
주님이 기뻐하시는 말만 하게 하소서.
예수님의 이름으로 기도합니다. 아멘.

17일

어떤 경우도 하나님을
의지하게 하소서

시편 40장 4절(Psalms 40:4)

개 여호와를 의지하고 교만한 자와 거짓에 치우치는 자를 돌아보지 아니하는 자는 복이 있도다

표 복되어라, 주님을 신뢰하여 오만한 자와 거짓말을 하는 자에게 빠져들지 않는 사람.

영 Blessed is the man who makes the LORD his trust, who does not look to the proud, to those who turn aside to false gods.

하나님과 경건하게 교제하는 것은 우리 인생의 봄날이요, 힘이다. - 매닝

뉴잉글랜드 주의 교도소에는 약 600명의 미성년자들이 수감되어 있습니다.

통상적으로 청소년의 경우에는 범죄를 저질러도 대부분 훈방, 보석 조치되거나 심한 경우에도 소년원으로 가는 경우가 대부분인데, 강력 범죄를 저지른 아이들에 한해서는 예외적으로 교도소에 수감합니다.

그런데 이들의 가정환경과 신변을 조사한 결과 다음과 같은 통계가 나왔습니다.
- 60%의 아버지는 알코올 의존증 환자
- 75%의 부모님은 무엇이든 할 수 있는 자유를 허락
- 70%의 부모님들은 이혼을 했거나 별거 중
- 90%의 아이들은 부모님이 자신에게 무관심하다고 생각

- 100%의 가정은 어떠한 종교생활도 하지 않음

하나님을 떠난 인생에 자유와 불신이 더해질 때 나타나는 결과는 이처럼 처참합니다. 자유와 행복은 하나님을 굳건히 의지하는 건강한 영혼을 바탕에서 찾아오는 것입니다.

어떤 상황에서도 하나님을 의지하는 사람은 고난에도 감사하며 역경을 두려워하지 않습니다. 믿음을 통해 극복할 힘을 얻기 때문입니다.

자신의 사랑하는 자녀를 도우시는 하나님에 대한 확신을 가지고 기도하십시오.

기도

제 삶을 통해 역사하시는 주님, 경배합니다.
일의 계획은 사람에게 있지만
일의 성패는 주님에게 있다는 말씀처럼,
최선을 다해 노력을 하고 계획을 세우되,
모든 결과는 주님께 맡기며 살게 하소서.

말씀과 기도로, 그리고 사랑과 선행으로
매일 주님의 뜻을 묵상하고
주님의 뜻을 실천하는 삶을 살게 하시고,
주님을 의지하도록 삶을 끌어주소서.

고난 속에서도 주님의 손을 놓지 않고,
믿음과 신앙을 저버리지 않게 하시고,
주님을 의지하는 참된 신앙의 자세가
자리 잡을 수 있도록 속히 인도하소서.
예수님의 이름으로 기도합니다. 아멘.

18일

키와 지혜가 자라고
하나님과 사람들게
사랑받게 하소서

누가복음 2장 52절(Luke 2:52)

개 예수는 그 지혜와 그 키가 자라가며 하나님과 사람에게 더 사랑스러워 가시더라

표 예수는 지혜와 키가 자라며, 하나님과 사람에게 더욱 사랑을 받았다.

영 And Jesus grew in wisdom and stature, and in favor with God and men.

진정한 사랑은 영원히 자신을 성장시키는 경험이다.
– 스캇 펙

체중 미달로 연약한 신생아들, 영양실조로 고생하는 어린이들, 임신과 유산문제로 어려움을 당하는 산모들을 위한 처방 중에는 '따뜻한 사랑의 보살핌'이라는 뜻의 T.L.C.(Tender Loving Care)라는 처방이 있습니다.

1900년대 초, 미국에는 영양실조로 고생하는 아이들이 많았습니다. 치료가 잘못되어 목숨을 잃는 경우도 많았는데 뉴저지의 한 병원에서는 비슷한 상태의 아이들이 유독 빨리 회복되고 치사율도 거의 0%인 병원이 있었습니다. 그 병원의 담당 의사들이 처방 비법으로 밝힌 것이 T.L.C.인데 많은 종류의 환자들에게 뚜렷한 효과가 있는 것으로 밝혀지며 지금까지도 사용되고 있습니다.

쥐를 혼자 두고 키울 때의 수명은 평균 600일

정도로 매우 짧습니다.

그러나 여러 마리의 쥐를 함께 두고 키우면 700일 정도로 수명이 늘어납니다. 만약에 쥐를 키우는 사람이 먹이도 제때 주고 하루에 한 두 번씩 쓰다듬어주면 쥐의 수명은 950일이 넘어갑니다.

사랑과 정성이라는 설명 불가능한 힘이 쥐의 수명을 30%이상이나 연장시켰습니다.

한 사람의 사랑을 통해 건강한 신체가 회복되고 새로운 삶을 살아갈 수 있듯이, 날 사랑하는 부모님의 사랑과 하나님의 사랑을 통해 날마다 신체와 정신과 믿음이 성장하는 십대를 꿈꾸십시오. 전인적인 성장과 건강을 유지하는 사람은 하나님과 사람들 모두에게 사랑을 받습니다. 전인적인 성장을 하는 십대가 되게 해달라고 기도하십시오.

기도

주님의 십자가 사랑을 높여 찬양합니다.
주님이 세상에 오셔서 보여주신 모습들을
따라가고자 노력하는 제가 되게 하소서.

예수님처럼 몸과 마음이
함께 균형 있게 성장하게 하시고,
사람에게도 인정받으며 성장하는
십대의 시절이 되게 해주소서.

질병의 문제가 없이 성장하게 하시고,
좋은 체력과 유연성,
체형을 갖도록 인도해주세요.
말씀을 아는 지혜와 관계를 풍성하게 하는
좋은 성품을 갖도록 주님이 인도해주소서.

육체의 건강과 지혜로운 두뇌도
주님을 향한 믿음이 없이는
아무런 소용도, 의미도 없음을 깨닫게 하소서.
예수님의 이름으로 기도합니다. 아멘.

19일

매일 밤 편안한 수면을 취하게 하소서

마태복음 11장 28절(Matthew 11:28)

개 수고하고 무거운 짐 진 자들아 다 내게로 오라 내가 너희를 쉬게 하리라

표 수고하며 무거운 짐을 진 사람은 모두 내게로 오너라. 내가 너희를 쉬게 하겠다.

영 Come to me, all you who are weary and burdened, and I will give you rest.

리더는 한 편을 드는 것보다 훨씬 어려운 일을 해야 한다.
갈려 있는 의견을 하나로 모으는 일이 그것이다.
- 제시 잭슨

국내의 한 다큐에서 수면의 중요성을 다룬 적이 있었습니다. 다큐의 내용 중에는 잠이 특히나 부족한 한국의 수험생에 대한 실험도 나왔습니다.

대입을 준비하는 수험생들은 보통 하루 종일 공부를 하다가 새벽 1,2시가 돼서야 잠을 잤고, 다시 보충을 위해서 새벽 일찍 일어나 학교로 나갔습니다. 이런 학생들은 대부분 '집중력 저하', '불쾌한 기분으로 맞는 아침', '수업 중 수면'이라는 어려움을 겪고 있었습니다.

이 학생들 중 몇 명을 대조군으로 뽑아 전문가의 의견을 따라 다음의 3가지 수칙을 지키도록 했습니다.
1. 규칙적인 생활
2. 7시간 이상의 수면

3. 하루에 30분 이상 햇볕 쬐기

바쁜 수험생활에 이렇게 수칙을 지키는 것은 쉽지 않은 결심이었지만, 약 2주간의 짧은 시간을 진행했음에도 충분한 수면을 취한 대조군에게는 그 전에 겪던 집중력 저하나, 수업시간의 수면과 같은 부작용이 사라졌습니다. 게다가 성적도 월등히 오르는 놀라운 결과가 나타났습니다.

수면 시간을 줄여서 일을 열심히 하는 것보다 충분한 수면 시간으로 깨어있는 시간을 효율적으로 사용하는 것이 더 좋은 일입니다. 평생의 습관이 결정지어지는 10대 때에 좋은 수면습관을 들이는 것은 매우 중요합니다. 특히 저녁 10시부터 새벽 2시까지 자는 것이 건강과 기억 저장, 회복에 좋다고 합니다. 매일 밤 깊은 숙면으로 최고의 컨디션을 누리게 해달라고 기도하십시오.

🩷 기도

영육을 살리시는 주님을 기뻐합니다.
사랑하는 자에게 잠을 주시는 주님,
깊은 잠으로 몸과 정신을 회복시켜 주시고,
활기찬 에너지를 갖고 하루를 시작하는
놀라운 은혜를 매일 밤 허락하소서.

지나친 게임, TV, 다른 유혹 등에 빠져서
늦게까지 잠을 자지 못하는 방해로부터
과감히 빠져나오게 해주옵소서.

깊은 수면을 통해
모든 근육의 피로가 사라지게 하시고,
공부한 것들이 잘 저장되게 하시고,

새로운 하루를 주님과 함께 시작하도록
저의 수면 시간을 인도해주옵소서.
예수님의 이름으로 기도합니다. 아멘.

🩷

20일

모든 것을 믿음의 눈으로 보고 하나님께 감사하게 하소서

시편 121편 1,2절(Psalms 121:1,2)

개 내가 산을 향하여 눈을 들리라 나의 도움이 어디서 올까 나의 도움은 천지를 지으신 여호와에게서로다

표 내가 눈을 들어 산을 본다. 내 도움이 어디에서 오는가? 내 도움은 하늘과 땅을 만드신 주님에게서 온다.

영 I lift up my eyes to the hills-- where does my help come from? My help comes from the LORD, the Maker of heaven and earth.

믿음이야말로 삶의 의미를 깨닫게 하는 것이다.
- 톨스토이

"짧아진 여덟 개의 손가락을 쓰면서 사람에게 손톱이 얼마나 중요한 것인지 알게 되었습니다.

남아있는 것은 가장 짧은 엄지 하나였지만, 1인 10역을 해내는 엄지손가락으로 생활하고 글을 쓰면서 저는 엄지손가락을 온전히 남겨주신 하나님께 감사했습니다.

눈썹이 없어 땀과 비와 먼지가 눈으로 들어가는 것을 경험하면서 사람에게 작은 눈썹이 얼마나 필요한 것인지를 알았습니다.

막대기처럼 굳어버린 오른팔을 쓰면서 왜 하나님이 관절이 모두 구부러지도록 만드셨는지, 손이 귀까지 닿는 것이 얼마나 중요한 일인지 깨달았습니다."

위 내용은 SBS의 힐링캠프에 나와 많은 사람들에게 감사와 행복에 대해서 깨닫게 해준 이지선 씨의 고백입니다.

명문대 출신에 미모도 출중했던 이지선 씨는 전신의 절반이 넘는 부위에 3도 중화상을 입는 받아들이기 힘든 일이 일어났음에도 하나님께 감사하며 오히려 행복을 전하고 있습니다.

하나님을 바라보고 감사할 줄 아는 사람에게는 어떠한 상황에서도 마음의 기쁨을 잃지 않고 감사할 제목이 생깁니다. 작은 것이라도 감사하는 습관을 가꾸며 오늘도 놀라운 순간들을 허락하신 주님께 감사로 기도하십시오.

💗 기도

항상 저를 지켜주시는 주님, 감사합니다.
주님의 성실을 매일 깨닫게 하시고
믿음과 감사가 충만한 삶이 되게 해주소서.

좋은 일이든, 나쁜 일이든 간에
모든 일에는 하나님의 뜻이 있음을,
그 뜻을 깨달을 수 있게 주님, 인도하소서.

모든 삶의 순간에 주님이 함께 하셨음을
지난 하루, 지난 한 주, 지난 한 달을 통해
알게 하시고, 그 믿음을 통해
주님을 향한 감사가 넘치는 신앙인으로
자라나게 되기를 기도합니다.

어떤 순간에도 주님을 신뢰하게 하시고,
주님을 향한 감사가 충만하게 하소서.
예수님의 이름으로 기도합니다. 아멘.

💗

〈진짜 매력 있는 사람이 되는 7가지 비법〉

1. 자기 전에 내일 하루의 계획을 세운다.

2. 외모를 최대한 단정하게 가꾼다.

3. 하루에 최소 한 가지 집안일을 돕는다.

4. 하루에 한 가지 이상 다른 사람을 위한 일을 한다.

5. 최소 10분이라도 성경을 보고 기도를 한다.

6. 다른 사람과 대화중에는 되도록 얼굴을 본다.

7. 나를 내세우기 보다는 남을 먼저 인정해준다.

비전/할 일 점검

지난 5일 동안 기도하면서 받은 비전이나 할 일을 적고,
그 성취 방법을 생각나는대로 야무지게 적으십시오.

비전이나 할 일	성취방법

21일

새로운 도전을
두려워하지 않게 하소서

이사야 43장 19절(Isaiah 43:19)

개 보라 내가 새 일을 행하리니 이제 나타낼 것이라 너희가 그것을 알지 못하겠느냐 반드시 내가 광야에 길을 사막에 강을 내리니

표 내가 이제 새 일을 하려고 한다. 이 일이 이미 드러나고 있는데, 너희가 그것을 알지 못하겠느냐? 내가 광야에 길을 내겠으며, 사막에 강을 내겠다.

영 See, I am doing a new thing! Now it springs up; do you not perceive it? I am making a way in the desert and streams in the wasteland.

새로운 일을 시작하는 용기 속에 당신의 천재성과 능력, 그리고 기적이 모두 숨어있다. - 괴테

유럽을 정복한 나폴레옹은 원래 수필가를 꿈꿨습니다. 그러나 글에 재능이 없어 거듭 실패했고, 그 뒤에 군인이 되었습니다.

세기의 작가 셰익스피어는 양털을 파는 상인이었습니다. 그러나 그는 사업에 실패한 뒤에 글을 쓰는 일을 시작했습니다.

미국에서 가장 존경받는 대통령인 링컨은 자영업을 수차례 실패했고, 헐리우드의 명배우인 모건 프리먼은 30년간 무명이었지만 58세에 모든 배우들이 바라는 상인 오스카상을 받았습니다.

권투선수 조지 포먼은 28세의 나이에 은퇴를 한 뒤 늦은 나이인 38세에 다시 현역으로 복귀를 했고, 45살에 최고령 세계 챔피언 자리에 올랐습니다.

레이 크록은 밀크셰이크를 만드는 기계를 팔다가 53세가 되어서야 창업을 할 기회를 잡았는데 그것이 맥도날드의 탄생이었습니다.

성공하는 사람의 조건은 실패에도 좌절하지 않고 다시 일어서는 것입니다.
처음 시도하는 사람의 성공확률은 20%도 되지 않지만 다시 도전하는 사람의 성공확률은 90%에 가깝다는 연구도 있습니다.

하나님이 주신 약속의 땅에 들어갈 수 있었던 것은 위험을 두려워 않고 새롭게 도전했던 여호수아와 갈렙 뿐이었습니다. 언제나 뒤에 계시는 주님을 믿고 한 번 더, 또 한 번 더 도전하십시오. 그리고 한 번 더 기도하십시오.

💜 기도

인생의 도움이 되시는 주님, 감사합니다.
주님이 주신 비전을 위해 언제나 담대하게
도전할 수 있는 믿음을 허락하여 주소서.

주님이 주신 꿈을 이루기 위해서는
많은 도전의 순간들이 필요합니다.
진학과 전공의 선택, 혹은 꿈을 위해
새로운 길을 개척해야 할 수도 있습니다.

물질과 환경같은 이유로
도전을 포기하지 않게 하시고,
좋은 멘토들과 동역자들을 만날 수 있는
은혜를 허락하여 주옵소서.

새로운 길을 보여주시고 인도하실
주님을 믿고 의지합니다.
예수님의 이름으로 기도합니다. 아멘.

22일

경청하는 사람이 되게 하소서

야고보서 1장 19절(James 1:19)

개 내 사랑하는 형제들아 너희가 알지니 사람마다 듣기
는 속히 하고 말하기는 더디 하며 성내기도 더디 하
라

표 나의 사랑하는 신도 여러분, 여러분은 이것을 알아
두십시오. 누구든지 듣기는 빨리하고, 말하기는 더
디 하고, 노하기도 더디 하십시오.

영 My dear brothers, take note of this: Everyone
should be quick to listen, slow to speak and
slow to become angry

지혜는 들음으로 생기고, 후회는 말함으로 생긴다.
- 영국 속담

대인관계 전문가인 데일 카네기는 '성공대화론'이라는 책을 썼습니다.

그 책에는 '말을 잘하는 사람으로 인정받는 방법'이 나오는데, 카네기는 자신의 경험을 예로 들어 그 방법을 설명했습니다.

"예전에 제가 뉴욕의 한 사교 모임에 참석한 적이 있었습니다. 저는 거기서 우연히 한 식물학자와 대화를 나누게 되었습니다. 태어나서 식물학자와 대화를 한 것은 처음이었고, 또 그는 정말로 재밌게 말을 했기 때문에 저는 그 사람과의 대화에 완전히 몰입해 있었습니다. 2, 3시간이나 단 둘이 대화를 했을 정도로 우리는 대화에 열중했습니다. 그리고 헤어질 시간이 되어 식물학자의 친구가 찾아왔는데, 그 사람은 저를 두고 '자기가 지금까지 본 사람 중 가장 말 주변이 좋은

사람'이라고 소개했습니다. 저는 어이가 없었습
니다. 왜냐하면 제가 2,3시간 동안 한 일이라고
는 그의 말을 들어주며 대답한 것 밖에 없었으니
까요. 저는 식물에 대해서 아는 것이 전혀 없었
기 때문에 그에게 할 말이 없었습니다. 저는 그
때 말을 잘하는 사람이 되기 위해서는 듣는 기술
이 더욱 중요하다는 것을 직접 체험했습니다."

사람들은 말을 하는 것이 매우 중요하다고 생각
하지만 실상은 말을 잘하는 것보다도 중요한 것
은 말을 잘 듣는 것입니다. 말을 정말로 잘하고
싶은 사람이라면 먼저 듣는 방법을 익히기 위해
서 노력해야 합니다. 부모님과 친한 친구들의 말
부터 먼저 경청하는 습관을 위해 노력하십시오.
그리고 먼저 듣는 습관의 자세를 달라고 기도하
십시오.

🩷 기도

좋은 날을 허락하여 주신 주님 감사합니다.
먼저 듣고, 말하는 것은 소통의 기본이자
가장 중요한 기술입니다.

매일 만나는 사람들의 말을 흘려듣지 않고
눈을 마주치며 진중한 자세로 듣게 하소서.

또한 상대방의 말을 먼저 끊지 않고,
많이 말하기보다는 필요한 말을 골라 하는
지혜로운 언어 습관을 경청의 자세를 통해
들일 수 있게 하옵소서.

가장 많이 만나는 부모님과 친구들,
학교 선생님들과의 자리에서부터
경청의 자세를 익혀가길 원합니다.
예수님의 이름으로 기도합니다. 아멘.

23일

가난하고 어려운 사람을
무시하지 않고 돕게 하소서

마태복음 6장 4절(Matthew 6:4)

개 임금이 대답하여 이르시되 내가 진실로 너희에게 이르노니 너희가 여기 내 형제 중에 지극히 작은 자 하나에게 한 것이 곧 내게 한 것이니라 하시고

표 임금이 그들에게 말하기를 '내가 진정으로 너희에게 말한다. 너희가 여기 내 형제자매 가운데, 지극히 보잘 것 없는 사람 하나에게 한 것이 곧 내게 한 것이다' 할 것이다.

영 The King will reply, 'I tell you the truth, whatever you did for one of the least of these brothers of mine, you did for me.'

무엇이 선인지 알고 있는 것만으로 아무 쓸모도 없다,
선은 오로지 행함으로써 가치가 생기는 것이다.
— 탈무드

심리학자 엘리자베스 던과 라라 애크닌은 '자신을 위해 사용한 돈'과 '남을 위해 사용한 돈' 중에 어떤 경우가 더 만족감을 주는지에 대해서 연구를 했습니다.

그리고 이 연구로 자신을 위해 사용한 쪽보다 남을 위해서 사용을 한 쪽의 만족도와 행복감이 두 배 이상으로 높다는 결과를 얻었습니다. 아울러 자신을 위해 사용한 쪽은 물건을 산 경우보다 공연이나 전시회 같이 경험주의적인 곳에 돈을 사용한 쪽이 만족도가 더 높았습니다. 결론을 종합해보면 소유보다는 체험, 체험보다는 남을 위해 돈을 사용하는 것이 행복을 느끼는 가장 좋은 방법이었습니다.

빌 하이벨스 목사님은 '인생 경영'이라는 책에서 선행을 하면 기분이 좋아지는 이유에 대해서 다음과 같이 설명했습니다.

"우리가 선행을 하면 기분이 좋아지고 행복해지는 이유는 바로 그것이 하나님이 나에게 원하시는 모습이기 때문입니다. 우리는 하나님께 그렇게 지음을 받은 존재이기 때문에 그 방법에 따라 살 때에만이 진정한 행복을 느낄 수 있습니다."

어려운 사람을 물질과 봉사로 돕는 것은 남을 위한 것이 아니라 자신을 위한 것입니다. 이는 많은 연구결과로도 증명되었지만 무엇보다 여러분의 경험을 통해서 쉽게 깨달을 수 있습니다. 하나님의 방법을 따라 살 때에만 행복해질 수 있다는 사실을 깨닫고, 또한 어려운 이웃과 친구들을 위한 선행을 위해 힘쓰십시오. 주변의 어려운 친구들을 돕고자 하는 사랑의 마음을 달라고 기도하십시오.

기도

평강의 기쁨을 허락하신 주님 감사합니다.
집안이 어렵거나, 약점이 있는 친구들을
놀리거나 괴롭히지 않게 하시고,
오히려 보호하고 먼저 다가서게 하옵소서.

사회적으로 어려움을 당하는 사람들을 위해
적은 시간이라도 봉사하고, 기부하는
선행을 베풀게 하시고,
이런 일로 주님이 주시는 행복을 느끼고
또 주위 사람들에게 전하게 해주소서.

남을 도우려는 마음과 행동이
곧 여러 사람과 함께 하는 실천으로,
행동으로 이어지도록 주님이 이끌어주소서.
예수님의 이름으로 기도합니다. 아멘.

24일

남과 비교하여 열등감에 빠지지 않게 하소서

빌립보서 2장 3,4절(Philippians 2:3,4)

개 아무 일에든지 다툼이나 허영으로 하지 말고 오직 겸손한 마음으로 각각 자기보다 남을 낮게 여기고 각각 자기 일을 돌볼뿐더러 또한 각각 다른 사람들의 일을 돌보아 나의 기쁨을 충만하게 하라

표 무슨 일을 하든지, 경쟁심이나 허영으로 하지 말고, 겸손한 마음으로 하고, 자기보다 서로 남을 낮게 여기십시오. 또한 여러분은 자기 일만 돌보지 말고, 서로 다른 사람들의 일도 돌보아 주십시오.

영 But you are a chosen people, a royal priesthood, a holy nation, a people belonging to God, that you may declare the praises of him who called you out of darkness into his wonderful light.

모든 문제에는 인내가 최고의 해법이다. - 플라우투스

대한신경정신의학회에서 발표한 '열등감을 극복하는 5가지 방법'입니다.

1. 열등감을 유발하는 콤플렉스를 바로 보자.

   필요이상으로 자기비하를 하지 말고 딱 있는 그대로만 인정하고 받아들이십시오.

2. 열등감을 이겨낼 목표를 세우라.

   위인들 중에도 열등감이나 콤플렉스가 없는 사람은 아무도 없었습니다. 가지고 있는 약점보다 이루어야 할 목표에 더욱 신경을 쓰십시오.

3. 나의 긍정적인 부분을 찾아 칭찬하라.

   열등감에 억눌려 자신의 장점을 잊지 말고 하루에 한 가지씩이라도 자신의 장점을 찾아 스스로 칭찬을 하십시오.

4. 완벽에 대한 생각을 버려라.

   완벽한 사람은 지구상에 단 한 명도 없습니다.

있는 그대로의 나를 받아들이고 이 상황에서
발전할 수 있는 방법을 찾으십시오.

5. 베풀고 봉사하라.

다른 사람을 돕는 것은 자존감을 느낄 수 있는
좋은 방법이며, 또한 삶에 행복을 줄 수 있는
유일한 방법입니다.

개인심리학의 창시자 아돌프 박사는 열등감은
모든 사람이 겪을 수밖에 없는 문제라고 말했습
니다. 열등감은 피할 수 없는 문제이기에 바른
방법으로 해소를 해야 합니다.

하나님은 나를 단 하나의 소중한 창조물로 만드
셨다는 사실을 믿고, 남과 비교하는 일을 멈추십
시오. 나를 특별하게 창조하신 주님이심을 믿고
감사와 기쁨의 기도를 드리십시오.

💙 기도

저를 지으시고 기뻐하시는 주님, 감사합니다.
저를 향한 주님의 크신 계획이 있음을,
지금 저의 모습은 주님이 보시기에
기뻐하시는 모습이라는 성경의 말씀을
진실로 믿고 감사하게 하옵소서.

더 이상 다른 사람들과,
또 왜곡된 미의 기준으로
저를 평가하지 않게 해주소서.
잘못된 비교를 하며 마음에 상처받지 않고
건강한 주의 자녀로 살아가게 하소서.

주님이 주신 모습 그대로를 사랑하며
주님이 주신 강점으로
세상에 필요한 일을 하는
존귀한 주의 자녀가 되도록 인도하옵소서.
예수님의 이름으로 기도합니다. 아멘.

25일

우울증이나
자살 충동을
갖지 않게 하소서

마태복음 16장 26절(Matthew 16:26)

개 사람이 만일 온 천하를 얻고도 제 목숨을 잃으면 무엇이 유익하리요 사람이 무엇을 주고 제 목숨과 바꾸겠느냐

표 사람이 온 세상을 얻고도 제 목숨을 잃으면, 무슨 이득이 있겠느냐? 또 사람이 제 목숨을 되찾는 대가로 무엇을 내놓겠느냐?

영 What good will it be for a man if he gains the whole world, yet forfeits his soul? Or what can a man give in exchange for his soul?

자살은 살인의 최악의 형태다.
그 이유는 후회할 기회조차 남기지 않기 때문이다.
- 존 콜린스

마더 테레사가 미국을 방문해 강연을 한 적이 있습니다. 강연을 마치고 내려오는 테레사에게 한 귀부인이 찾아와 말을 건넸습니다.

"당신의 조언이 필요합니다. 저는 한 달 전부터 계속 자살을 생각하고 있습니다. 좋은 집과 차, 그리고 많은 돈을 가지기 위해 노력을 했고, 그것들을 얻었습니다. 그러나 전혀 행복해지지 않습니다. 저에겐 더 이상 살아갈 힘이 없습니다."

테레사가 대답했습니다.

"당신의 심정은 이해가 갑니다. 그러나 제가 어떤 말을 해도 아마 도움이 되지는 않을 것 같군요. 다만 한 가지 제안을 드리고 싶습니다. 시간이 된다면 제가 머물고 있는 캘커타에 와서 일주일만 일을 도와주세요. 어차피 자살을 조금 미루어도 손해 볼 것은 없으니까요."

귀부인은 테레사의 요청을 받아들여 일을 정리한 후 캘커타로 떠났습니다. 그리고 일주일간 빈민들을 돌본 뒤에 '삶의 보람'을 찾았습니다. 그는 이후의 자신이 가진 능력을 이용해 많은 사람들을 돕기 시작했고, 마더 테레사의 좋은 조력자가 되었습니다.

심한 우울증이나 자살 충동이 생길 때에는 죽고 싶다는 문제 그 자체에 집중하기보다는 자신의 삶과 처한 문제를 돌아보고 시선과 에너지를 긍정적인 방향으로 돌리는 것이 중요합니다. 죽고 싶은 생각이 들고 깊은 고민거리가 있다면 지체 없이 어른들에게 도움을 요청하고 친한 친구들에게 대화로 알리십시오. 또한 어두운 마음을 물리칠 힘을 달라고 주님께 기도하십시오.

💜 기도

넘치는 기쁨을 주시는 주님, 찬양합니다.
마음이 힘들고 괴로울수록
주님께 기도로 고백하게 하시고,
마음을 터놓을 수 있는 좋은 친구들과
부모님께 속마음을 털어놓음으로
지혜롭게 위기를 극복하게 인도해주소서.

어떤 최악의 순간에서도 자살이라는
잘못된 선택은 하지 않도록 붙잡아 주소서.

지금 당장의 많은 어려움들은
잠시 시간이 흐르고 나면
모두 사라진다는 지혜를 깨닫게 하옵소서.

모든 어려움과 고통을 아시는 주님께
간절한 기도를 드립니다.
예수님의 이름으로 기도합니다. 아멘.

〈세상을 바라보는 시야를 넓히는 7가지 법칙〉

1. 하나님의 눈으로 세상을 바라보라.

2. 하나님의 눈으로 나를 바라보라.

3. 내 인생을 적극적으로 사랑하라.

4. 미래에 대한 긍정적인 기대를 가져라.

5. 어떤 사람이 되고 싶은지 구체적인 이미지를 그려라.

6. 책과 뉴스, 방송과 인터넷을 통해 세상의 정보를 얻어라.

7. 인생의 분명한 목표를 설정하고 하나님의 뜻인지 확인하라.

비전/할 일 점검

지난 5일 동안 기도하면서 받은 비전이나 할 일을 적고,
그 성취 방법을 생각나는데로 야무지게 적으십시오.

비전이나 할 일	성취방법

26일

책임감 있는 자율성을
확립하게 하소서

고린도전서 6장 12절(1 Corinthians 6:12)

개 모든 것이 내게 가하나 다 유익한 것이 아니요 모든 것이 내게 가하나 내가 무엇에든지 얽매이지 아니하리라

표 "모든 것이 나에게 허용되어 있습니다." 그러나 모든 것이 유익한 것은 아닙니다. "모든 것이 나에게 허용되어 있습니다" 그러나 나는 아무것에도 제재를 받지 않겠습니다.

영 "Everything is permissible for me" but not everything is beneficial. "Everything is permissible for me" but I will not be mastered by anything.

책임이란 말을 빼 버리면 인생에는 아무 의미도 없다.
– 라인홀트 니부어

미국의 아이오와 주의 바비 홀더슨은 교
도소에서 태어났습니다.
무기징역을 선고받은 어머니가 교도소에서 출산
을 했기 때문인데, 법원의 배려로 바비가 학교에
갈 나이까지는 교도소에서 키울 수 있었습니다.
그러다 학교가 갈 나이가 되어 교도소를 나가게
되었는데, 어린 시절을 교도소에서 보낸 바비는
적응을 하지 못하고 다시 자신을 교도소로 보내
달라고 탄원을 했습니다.

다시 교도소로 들어온 바비는 나중에는 교도관
까지 되어 평생 자신이 태어난 감옥을 벗어나지
않고 살다가 죽었습니다. 그는 언제고 교도소에
서 떠날 수 있는 자유의 몸이었지만 스스로 그것
을 거부한 사람이었습니다.

인생을 제대로 살기 위해서는 먼저 올바른 목적의식이 있어야 합니다.

어디로 가야할지 모르는 인생은 열심히 노력을 해봤자 결국 탈옥해서 다른 감옥으로 들어가는 인생입니다.

다음으로는 자유를 누릴 책임감이 필요합니다. 책임을 두려워하면 자유를 누릴 수 없고, 책임을 피하는 자유는 방종으로 비참한 결과를 맞게 됩니다.

내가 누리고 있는 시간과 생명, 자유의지가 모두 하나님께 주신 것임을 알고 진리 안에 거할 때 진정으로 자유한 삶을 살 수 있습니다. 자유를 방종으로 낭비하지 않게 해달라고 기도하십시오.

🩵 기도

진정한 자유를 주신 주님 감사합니다.
주님이 주신 자유를 선한 의지를 통해
창조적으로 사용하는 제가 되게 하옵소서.

선택의 순간에서 오늘 내린 결정들이
미래에 큰 영향을 준다는 것을 알게 하시고
주님이 주신 소중한 자유와 결정권을
헛되이 사용하며 후회하지 않게
인도하여 주옵소서.

주님이 주신 달란트를 활용해
창조적으로 선한 비전과 봉사에 활용하며
멋진 인생을 그려가는 삶으로
저를 변화시켜주실 줄 믿으며 구합니다.
예수님의 이름으로 기도합니다. 아멘.

27일

유혹에 빠지지
않게 하소서

잠언 7장 1-2절(Proverbs 7:1-2)

개 아들아 내 말을 지키며 내 명을 간직하라 내 계명을
지켜 살며 내 법을 네 눈동자처럼 지키라

표 아이들아, 내 말을 지키고, 내 명령을 너의 마음 속
깊이 간직하여라. 내 명령을 지켜서 잘 살고 내 교
훈을 너의 눈동자를 보호하듯 지켜라.

영 My son, keep my words and store up my
commands within you. Keep my commands and
you will live; guard my teachings as the apple
of your eye.

매력은 마음을 사로잡는 것이고, 유혹은 마음을 혼란하게
하는 것이다. – 토마스 레오나드

'어느 쥐의 유언'이라는 글에 나오는 내용입니다. 마을에서 가장 지혜로운 쥐 한 마리의 임종 때 많은 쥐들이 모였는데, 지혜로운 쥐가 유언을 남겼습니다.

"내 말을 귀담아 듣게나. 쥐로 살아가면서 두려운 것들이 많이 있네.

어떤 쥐들은 고양이를 가장 두려워하고, 어떤 쥐들은 덫을 가장 두려워해, 그리고 갑자기 마주친 사람들을 두려워하는 쥐들도 있네. 나 역시 젊은 시절엔 이런 것들이 두려웠지만 이제와 보니 사실 이런 것들은 그렇게 두려워 할 것이 못 되는 것 같네. 고양이는 배가 고프지 않으면 쥐를 사냥하지 않네. 그리고 주의를 충분히 기울인다면 마주칠 일도 많지 않아. 그리고 쥐덫은 눈앞에 보이는 먹이에 대한 욕심만 참으면 절대로 걸릴 일이 없네.

사람? 우리가 당황만 하지 않는다면 충분히 도 망칠 수 있네. 쥐를 잡을 만큼 민첩한 사람은 많 지 않아.

우리 쥐가 정말로 조심해야 하는 것은 오히려 쥐 약이라네. 쥐약은 겉보기에는 독약같이 생기지 않아서 식량으로 착각할 수 있지만 한입이라도 먹는 날에는 바로 죽기 때문이지."

사탄은 갖가지 쾌락의 방법으로 우리들을 유혹 하고 있습니다. 같은 칼도 요리사가 사용할 때와 강도가 사용할 때 용도가 달라지듯이, 인간이 누 리는 모든 즐거움은 하나님의 원리 안에서 때에 맞게 누리는 것이 바른 사용법입니다.

인생의 출발선이 10대의 시절에 잘못된 유혹으 로 인해 페널티를 받지 않도록, 잘못된 유혹에 끌려가지 않도록 기도하며 마음을 지키십시오.

🫀 기도

좋은 것으로 넘치는 복을 부어주시는 주님,
찬양과 감사로 경배를 드립니다.
주님의 말씀과 계명을 지키는 것이
참된 복을 받는 비결임을 깨닫게 하옵소서.

십대 때에는 하지 말아야 할 일들을 알고,
말씀에 어긋나는 일은 하지 않도록
결심하는 용기와 인내를 갖게 하소서.

친구들과의 관계를 통해서
술과 담배, 음란과 같은 잘못된 유혹에
빠지지 않게 도와주시고,
학교와 가정생활을 온전히 지켜주세요.

다니엘과 요셉처럼 유혹을 이겨내고
참된 복을 받는 삶으로 인도해주소서.
예수님의 이름으로 기도합니다. 아멘.

28일

차세대

영향력있는 리더가
되게 하소서

신명기 28장 13절(Deuteronomy 5:14-16)

개 여호와께서 너를 머리가 되고 꼬리가 되지 않게 하시며 위에만 있고 아래에 있지 않게 하시리니 오직 너는 내가 오늘 네게 명령하는 네 하나님 여호와의 명령을 듣고 지켜 행하며

표 오늘 내가 당신들에게 명령하는 바, 당신들이 주 당신들의 하나님의 명령을 진심으로 지키면, 주님께서는 당신들을 머리가 되게 하고, 꼬리가 되게 하지 않으시며, 당신들을 오직 위에만 있게 하고, 아래에 있게 하지는 않으실 것입니다.

영 The LORD will make you the head, not the tail. If you pay attention to the commands of the LORD your God that I give you this day and carefully follow them, you will always be at the top, never at the bottom.

수면은 피로한 마음의 가장 좋은 약이다. - 세르반테스

할렘가에 살던 한 흑인 여성이 뒤늦게 복음을 믿고 신앙생활을 시작했습니다.

그런데 얼마 뒤에 직장 생활에 어려움이 있다며 목사님을 찾아왔습니다.

"목사님, 신앙을 가진 뒤의 저의 삶은 정말로 행복합니다. 그러나 저의 신앙 외의 것은 그렇지 못합니다. 제가 다니는 직장에는 신앙을 가진 사람이 거의 없어서 저를 이해해주는 사람이 없습니다. 그동안 자주 만나던 주변 이웃들도 마찬가지에요. 예전엔 몰랐지만 이제는 보입니다. 그들은 너무 죄를 많이 짓고 있어서 더 이상 함께 어울릴 수가 없습니다."

여성의 이야기를 들은 목사님이 대답했습니다.

"무슨 말씀인지 충분히 이해가 됩니다. 그러나 예수님이 우리들에게 '세상의 빛과 소금'이라고 말씀하셨다는 것을 잊지 않으셨으면 좋겠습니다. 싱거운 음식에 소금이 필요하고, 어두운 곳에 빛이 필요하듯이 바로 자매님이 계시는 그런 곳에 믿는 사람들이 필요한 것입니다."

목사님의 대답을 들은 여성은 깨달음을 얻은 표정으로 돌아갔습니다. 그리고 다음날부터 직장과 이웃들을 만나 사랑을 베풀며 전도를 했는데, 1년 만에 13명이나 되는 사람들에게 복음을 전해 신앙생활을 시작하게 했습니다.

그리스도인들이 세상의 빛과 소금의 역할을 제대로 감당하기 위해서는 출중한 능력과 선한 영향력을 가져야 합니다. 한 사람의 영향력의 중요성을 깨닫고 하나님께 쓰임 받는 미래를 위해 준비하는 십대의 때로 삼으십시오. 하나님께 쓰임 받는 리더가 되게 해달라고 기도하십시오.

🩵 기도

진리를 가르쳐 알게 하신 주님, 찬양합니다.
세상의 빛과 소금으로 저를 불러주신 주님,
음식에 맛을 내는 소금과
어둠을 밝히는 빛의 역할처럼
영향력을 가진 사람으로 성장시켜 주소서.

귀한 십대의 시절을 실력을 쌓고
믿음의 지평을 넓히는 시간에 쓰게 하시고,
주님이 주신 비전의 열매를 가꾸는
좋은 토양으로 몸과 마음을 다지는
십대의 때를 보내게 인도해주옵소서.

군림하기보다는 섬기는 예수님의 본으로
밑의 사람들에게 도움이 되고
주님께 영광이 되는 리더가 되도록
지혜의 영을 주실 줄 믿습니다.
예수님의 이름으로 기도합니다. 아멘.

29일

하나님이 주신 물질을
이웃과 나누게 하소서

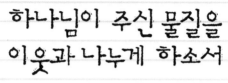

누가복음 6장 38절(Luke 6:38)

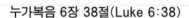

개 주라 그리하면 너희에게 줄 것이니 곧 후히 되어 누르고 흔들어 넘치도록 하여 너희에게 안겨 주리라 너희가 헤아리는 그 헤아림으로 너희도 헤아림을 도로 받을 것이니라

표 남에게 주어라. 그리하면 하나님께서도 너희에게 주실 것이니, 되를 누르고 흔들어서, 넘치도록 후하게 되어서, 너희 품에 안겨 주실 것이다. 너희가 되질하여 주는 그 되로 너희에게 도로 되어서 주실 것이다."

영 Give, and it will be given to you. A good measure, pressed down, shaken together and running over, will be poured into your lap. For with the measure you use, it will be measured to you."

건강한 육체는 건강한 정신의 산물이다. — 버나드 쇼

일본의 저명한 정신의학자 사이토 시케타 씨는 '사랑받는 사람들의 네 가지 공통점'을 다음과 같이 말했습니다.

1. 남에게 무리한 요구나 큰 기대를 하지 않는다.

   다른 사람에게 큰 부담을 주거나 큰 기대를 하는 것은 관계에 치명적인 상처를 줄 수도 있기 때문에 늘 조심해야 합니다.

2. 다른 사람의 험담이나 루머는 자신에게서 멈춰라.

   남의 상처를 놀리고 이용하기보다는 조용히 덮어주는 사람이 되십시오.

3. 위로나 충고를 할 때는 상대방의 입장을 먼저 생각한다.

   충고를 할 때는 객관적으로 해야 합니다. 상대방의 감정이 상하지 않도록 상대방의 입장에서 1분만 먼저 생각하십시오.

4. 상대방을 먼저 높여준다.

상대방의 단점보다는 장점을 보고, 비판보다는 칭찬을 먼저 하십시오. 이런 언어습관을 가진 사람은 언제나 좋은 평가를 받습니다.

위의 조건을 성경은 단 한 구절로 압축하고 있습니다.

"남에게 대접을 받고자 하는 대로 남을 대접할 것" – 하나님을 사랑하고 사람을 사랑하는 일에 최선을 다하십시오. 그러면 주체할 수 없는 기쁨과 축복이 찾아올 것입니다. 하나님과 사람들 모두에게 인정받을 수 있는 지혜를 달라고 기도하십시오.

🩷 기도

늘 넘치는 사랑을 주시는 주님, 감사합니다.
사랑의 속성을 깨닫게 하시는 주님,
사람과 하나님을 사랑하며,
사랑받을 줄 아는 사람이 되게 하옵소서.

어린 시절의 예수님이 그랬듯이,
저도 하나님과 사람들에게 사랑받는 성품과
신앙을 가진 사람으로 자라나게 하소서.

또한 받은 은혜와 사랑을
가족과 친구들에게도 아낌없이 나누며
따뜻한 말과 행동으로
먼저 사랑을 실천하는 삶이 되게 하소서.
예수님의 이름으로 기도합니다. 아멘.

🩷

30일

모든 영광을
하나님께 돌리게 하소서

고린도전서 10장 31절(1 Corinthians 10:31)

개 그런즉 너희가 먹든지 마시든지 무엇을 하든지 다 하나님의 영광을 위하여 하라

표 그러므로 여러분은 먹든지 마시든지, 무슨 일을 하든지, 모든 것을 하나님의 영광을 위하여 하십시오.

영 So whether you eat or drink or whatever you do, do it all for the glory of God.

종교란 사람이 하나님을 찾는 것이요, 복음은 하나님이 사람을 찾는 것이다. 종교는 허다하다. 그러나 복음은 하나뿐이다. - 스탠리 존스

미국의 재벌 하이드 알렉산더는 믿음을
최우선으로 생각하는 사람이었습니다.
하이드는 십의 일조를 넘어 십의 구조를 하나님
께 드리면서도 여러 선교단체와 교회를 위한 일
에 헌물을 많이 했습니다. 그러다 미국에 대공황
이 찾아오면서 많은 사람들이 실직을 하고 회사
들이 문을 닫았습니다.

하이드의 회사도 매우 어려운 상황에 처해 있었
지만, 그는 여전히 십의 구조를 드렸고, 자신이
가진 부동산까지 팔아서 교회 일에 사용할 정도
로 더욱 열정적으로 하나님을 섬겼습니다. 주위
사람들은 어려운 회사의 상황을 생각해 당분간
헌금을 줄이는 것이 어떻겠냐고 권유했지만 하
이드의 의지는 변하지 않았습니다.
"나는 하나님께 약속한 일들을 지킬 뿐이네. 나

의 상황과는 상관없이 언제나 지켜야만 하는 일일세."

그리고 2년 뒤에 하이드는 기도 중에 응답을 받았다며 새로운 사업을 시작했습니다. 멀쩡하던 회사들도 망해가던 시기라 사람들은 하이드를 미쳤다고까지 했습니다. 그러나 하이드가 시작한 회사인 '맨소래담'은 창업 이래로 단 한 번의 위기도 없이 계속해서 성장해 나갔고, 또 전 세계적으로 유명한 연고의 대명사가 되었습니다.

하나님을 향한 믿음이 있다면, 그리고 하나님이 주신 음성이라는 확신이 있다면 무모해 보이는 일일지라도 순종하는 것이 지혜로운 믿는 사람의 자세입니다. 믿음을 지키는 멋진 삶을 위해 기도하십시오.

💛 기도

구원의 길을 허락하신 주님, 감사합니다.
어떠한 상황에서도 신앙을 저버리지 않는
믿음을 위해 이 시간 기도합니다.

학교에서, 학원에서, 때로는 가정에서
믿음을 지키기 어려운 순간들이 있습니다.
식사 시간에 기도를 할 때...
학원과 수련회가 겹칠 때...
믿지 않는 친구들이 잘못된 권유를 할 때...

그러나 그런 순간들일수록 더욱 당당히
믿음을 표현할 수 있도록 힘을 주시고,
당당히 복음을 선포할 용기를 주옵소서.

어떤 인생이든 믿음을 지키는 것이
진정한 성공의 지름길임을 알게 하소서.
예수님의 이름으로 기도합니다. 아멘.

〈창의력을 개발하는 7가지 방법〉

1. 새로운 생각을 할 때는 편견과 고정관념을 제거하라.
2. '왜?, 어떻게?' 두 가지 질문을 계속해서 던져라.
3. 제 3자의 입장에서 객관적으로 생각을 평가하라.
4. 다른 사람의 의견에 위축되지 말아라.
5. 시대의 흐름을 파악하고, 미래의 흐름을 예측하라.
6. 현재 분야와 전혀 상관없는 분야를 통해 영감을 얻어라.
7. 다양한 사람을 만나고 대화하며 생각의 폭을 넓혀라.

비전/할 일 점검

지난 5일 동안 기도하면서 받은 비전이나 할 일을 적고,
그 성취 방법을 생각나는데로 야무지게 적으십시오.

비전이나 할 일	성취방법

스트릿댄스로
사랑을 전합니다!

'하나님 나라는 너희 안에 있느니라'라는 누가
복음 17장 21절 말씀을 기반으로 세워진 팀.
비보이, 팝핀, 힙합, CCD와 같은 스트릿댄스를
통해 말씀의 메시지를 담은 퍼포먼스를 통해 주
로 어린이, 청소년들과 같은 십대들을 대상으로
사역을 하고 있다.
강의부터 교회 수련회, 행사 및 특강과 같은 다
양한 공연 문화 및 전도 사역에 집중 하고 있다.

Heaven In The Street

사역 및 강의 문의: hitslove@Daum.net,
010-6263-9474(리더: 이성은)

십대의 무릎 기도문
—멋지고 당당한 십대되게 하소서

엮은이 | 편집부와 이성은
발행인 | 김용호
발행처 | 나침반출판사

5판 발행 | 2023년 3월 20일

등 록 | 1980년 3월 18일 / 제 2–32호
주 소 | 07547 서울특별시 강서구 양천로 583
　　　　블루나인 비즈니스센터 B동 1607호
전 화 | 본　사(02)2279–6321
　　　　영업부(031)932–3205
팩 스 | 본　사(02)2275–6003
　　　　영업부(031)932–3207

홈페이지 | www.nabook.net
이 메 일 | nabook365@daum.net

ISBN　978–89–318–1498–9
책번호　바–1041

값은 뒷표지에 있습니다.